文化水流探訪記　やけのはら

Through the Cultural Current / YAKENOHARA　青土社

文化水流探訪記

目次

まえがき　9

2012　15

「タモリ」という生き方　タモリ　16
伯父さんの背中　伊丹十三　18
美しい跳躍　ビースティ・ボーイズ　20
死者の声　トーマス・エジソン　22
永遠の瞬間　ニッパー犬　24
異界へ　諸星大二郎　26
朝日のようにさわやかに　本『Get back, SUB!　あるリトル・マガジンの魂』　28

2013　31

ドリーミング・デイ　山下達郎　其の壱　32
PEOPLE MAKE THE WORLD GO ROUND　山下達郎　其の弐　34
コーヒー・カップに乗ってきます　高田渡　36

二〇世紀の夏の日　映画『夏の夜のジャズ』　38
ポップの航海図　川勝正幸　40
キャン・ユー・ヒアー・ア・ニュー・ワールド　ジョー・ミーク　42
地下室のキャプテン・アメリカ　ダニエル・ジョンストン　44
冷凍都市　映像作品『B級TOUR －日本編－』　46
洗練と調和　田中一光　48
はてしない物語　ヘンリー・ダーガー　50
生命の泉　水木しげる　52
風に吹かれて　山上たつひこ　54

2014

うつくしいとは　中原淳一　58
流れの中で　ドキュメンタリー『天皇の世紀』　60
永い夏休み　大瀧詠一　其の壱　62
文化の大河　大瀧詠一　其の弐　64
わたしの記録　本『ENJOY THE EXPERIENCE』　66
一緒に音楽を聴きましょう　フランキー・ナックルズ　68

終わらない鼓動　ハウス・ミュージック　70
戦う男　フェラ・クティ　72
書割の森　マーティン・デニー　74
近づけば遠くなる　エキゾチック・ミュージック　76
街の暮らし　池波正太郎　78
人々の暮らし　山口瞳　80

2015

毎日のドラマ　向田邦子　84
記憶の残響　こだま和文　86
ミスター・シティボーイ　ムッシュかまやつ　其の壱　88
何かに凝ったり狂ったり　ムッシュかまやつ　其の弐　90
あすなろ賛歌　漫画『まんが道』　92
発明と発見　映画『ワイルド・スタイル』　94
イイ男　横山剣　96
少年は世界に歌った　モータウン　98
自分のやり方　ＵＲＣ　100

つべこべ言わず、とにかくやれ！　デリック・メイ　102
砂の城　ロバート・アルトマン　104
永遠の白昼夢　ソニック・ユース　106

2016

バカにしか見えないもの　赤塚不二夫　其の壱　110
一番地面に近いところ　赤塚不二夫　其の弐　112
始まりも終わりもなく　ブライアン・イーノ　114
カリブの小島の魔法　レゲエ・ミュージック　116
混交と変容　ダブ・ミュージック　118
ポケットの中の二五ドル　キング・タビー　120
新しい心　ニューエイジ・ミュージック　122
どこかへ　ヤソス　124
夢の人　アントニオ猪木　126
狂っているのは誰だ？　ジョン・ウォーターズ　其の壱　128
曲者達の夢の跡　ジョン・ウォーターズ　其の弐　130
二〇世紀の夏にキスをした永遠の少年　あがた森魚　132

2017 135

百万本のバラ　ニコ・ピロスマニ 136
純・美・音　ECMレコード 138
きみを夢見る時に　チェット・ベイカー 140
写真には写らない美しさ　ザ・ブルーハーツ　其の壱 142
君の味方　ザ・ブルーハーツ　其の弐 144
インド人の事はあんまり分かんないです　ザ・ブルーハーツ　其の参 146
わたしに会いに　映画『おもひでぽろぽろ』其の壱 148
夕暮れのドンガバチョ　映画『おもひでぽろぽろ』其の弐 150
今でも何かを探してる　植草甚一 152
死んだ奴が負け　映画『麻雀放浪記』 154
博徒の哲学　色川武大 156
豚に支配されないために　小説『動物農場』 158

2018 161

一九五六年のエルヴィス・プレスリー　エルヴィス・プレスリー　其の壱 162
甘いソーダ水　エルヴィス・プレスリー　其の弐 164

小さなラジオのボリュームを　エルヴィス・プレスリー　其の参　166
キャメラが映すもの　映画『コミック雑誌なんかいらない！』　168
感謝――アゲイン・サムウェア　雑誌『POPEYE』　170

ヴァリアス・コラムス――173

ぼくの好きなおばちゃん　174
巨大な塊　180
In The Midnight Hour　184
思い出野郎Aチーム『まだ何も始まっちゃいねえよ』ライナーノーツ　186
新感覚☆知的連想ゲーム「といえば」　192
PEOPLE'S TALKSHOW 告知文　210
二〇歳のころ　212
長いお別れの、遥か先まで　214
First Cut Is the Deepest　217
面白授業　224

あとがき――もしくは長い言い訳　228

まえがき

この本は、私やけのはらが、マガジンハウスの雑誌『POPEYE』に、二〇一二年四月から二〇一八年四月まで連載させていただいたコラム「文化水流探訪記」を中心として、その連載の内容とも共鳴する部分がある、他の媒体で書かせていただいたコラムを併せ、一冊にまとめたものです。

私は一人っ子だったこともあり、子供のときから、一人遊び、趣味に没頭するようなところがありました。興味を持つと、脇目もふらず熱中してしまいます。しかし、凝り性であり、飽き性、その仕組み、大まかな世界地図が分かってしまうと途端に飽きてしまうのです。

しかし、音楽、映画、そのほか創作物の世界は、古今東西、様々な作品が一生かけても触れられないほどの数、存在し、また時の経過により自分の興味や理解度が変わることによっても、同じ作品もその表情を変えます。そして、本格的に理解するためには、自分で実際に作ってみることになります。そうなると、これはまた大変な話で、作っても作っても次々に新しい未知の領域が出現し、分からないことだらけ、今のところ全く飽きることがありません。そのように、昔も今も、次々と色々なもの、人、作品に、熱中している私が、「何か連載をしませんか」とのお話に、すぐ浮かんだアイデアは、その研究結果の発表、偉大で広大な「文化水流」を辿るというものでした。

熱中しやすい人の中にも、様々なタイプの人がいると思われます。その研究を一人で黙々と楽しむタイプ。また、その研究結果を「こういうのもあるよ」とか、「これ面白いよ」とか人に伝えたくなるタイプ。私はきっと後者のお節介なタイプなのです。そして、そのお節介の集大成が、この本です。

雑誌での連載中に、ある年上の方から（揶揄の文脈ではないのですが）「あの連載、大変だよね、効率が悪いよね」と感想をいただいたのを覚えています。確かに、一回で一二〇〇字弱のコラムを書くために沢山の調べ物をしなければなりません。音楽アルバムや関連の本なども、入手が可能なものは入手し、時間の許す限り、聴いて、読みました。好きな人を取り上げているわけなので、出来るだけ誠実にその対象に向き合いたいですし、先ほど書いたように、根本的にお節介行為ですので、せめて、ちょっとでも意味のあるお節介にしなければならないからです。

また、私のことを知っていて、興味を持ってくれている人だけしか面白く読めないようなものは嫌だなという気持ちもありました。どこまで達成できていたかは分からないのですが、非力なりに、非力だからこそ、そのようなことを思いながら連載していました。

話は一度それます。今、素晴らしい音楽を作っている「A」という人が居たとします。しかし、「A」さんが、その作品物の構造、テーマ、作法、発想を、ゼロから全て作り上げたわけではありません。むしろ、5%か10%、もしかしたら1%かもしれませんし、私達が思っている以上に多くのものが、実は過去からつながり積み上げられた歴史の上に成り立っているのではないでしょうか？　音階、楽器、発声法、そのアンサンブル、もし、本質的な面で50%の要素が新しい音楽があったとしたら、それは一聴では、耳に馴染まない、とても突飛な音楽になっているはずです（現代音楽などは、既存の構造の借り物から逸脱する志向があるので、ポピュラー音楽より独創的な要素が多いかもしれません）。１００%オリジナルな音楽というのが存在したとすれば（既存のものと１００%違うものを想像することは、未知の次元、未知の観念を実感できないようにかなり困難なことですが）、それはもはや、聴いた人から音楽と思われないはずです。なぜなら、既存の音楽と重なる部分が全く無いのですから。

たまに「携帯電話は使わない」という人や「パソコンは使わない」という人がいます（それが悪いと言っているわけではありません）。ですが、「車に絶対に乗らない」という人や「電車に絶対に乗らない」という人、「電気を絶対に使わない」という人に、私は会ったことがありません（もちろん、どこかには、いらっしゃると思いますが）。で、何を言いたいかというと、「人は、自分が生まれたとき、物心ついたときにあったものは疑問を持たずに受け入れるが、その後の変化に対しては、抵抗を抱く場合がある」ということです。別の言い方をすれば、あくまでも自分の立脚点からの視点だということに無自覚に、自分の育った時代、環境をベースに、「ベーシックな状況――あたりまえ」を規定し、ものを考えるということです。レコード＝録音された音楽、を聴くという状況が初めてできたときに、生演奏以外は認めないという人はきっと多かったでしょう。しかし、定着してしまえば、当たり前に受け入れるのです。

この本の中で、取り上げた対象は、二〇世紀に活動した人が多いように思います。つまり過去の話です。しかし、昔を懐かしんで、昔は良かったという話をしたいわけではありません。昔話をしたいわけではなくとも、新しいものが良い、時代は、生活は、文化は、全ての面で良くなっていると思っているわけでもありません。じゃあ、なんなんだと言えば、はぎれの悪い、見出しにはならない回答ですが、ある面では良くなり、ある面では悪くなっている、としか言いようがありません。それは私達を取り巻く生活でも同じことかもしれません。他県に住む知り合いに会いに、徒歩で三日かけて行くわけにはいかないですが、リゾート施設ができる前のビーチは、今よりずっと水が澄んでいたことでしょう。

実際の物事は、敵と味方がはっきりと区別されたエンターテイメント映画のように単純なものではなく、あいまいで複雑なものなのです。つまり、物事を少しでも理解し全体として少しでも良い方に向かうように（良い割合が増えるように）願い、出来る事を頑張るしかないのです。

この本は、文化の歴史を辿ることにより――一〇〇年前を知ることにより、一〇〇年後を想像するような、過去に未来を探しに行く試みです。二〇世紀ノスタルジア、二〇世紀レクイエム、かつ、文化信仰であるこの本――私の壮大なお節介の塊、が、何か新しいものに興味を持つきっかけになったり、新しい発想、発見のきっかけになったとしたら、それほど嬉しいことはありません。

いつかの何処かの、すべての若者、すべての元若者、すべての今でも何かを探してる人たちにこの本を捧げます。

2012

「タモリ」という生き方　タモリ
伯父さんの背中　伊丹十三
美しい跳躍　ビースティ・ボーイズ
死者の声　トーマス・エジソン
永遠の瞬間　ニッパー犬
異界へ　諸星大二郎
朝日のようにさわやかに　本『Get back, SUB!　あるリトル・マガジンの魂』

「タモリ」という生き方　タモリ

世の中には「タモリ」という生き方がある。「タモリ」という思想と言い換えても良いかもしれない。イエス・キリストが後世の人々に多くの示唆を与えたように、私はタモリさんから多くを学び、そしてタモリさんを信仰している。一九七〇年代に新宿ゴールデン街のスナック「ジャックの豆の木」で山下洋輔、坂田明、三上寛、高平哲郎、赤塚不二夫などと夜な夜な作り上げた通称「密室芸」。有名な「四ヶ国語麻雀」、「ハナモゲラ語」、「イグアナのモノマネ」以外にも、皇室ネタ、障碍者ネタなどの密室以外では披露不可能なものも多かったという。レコード『TAMORI』は、その「ジャックの豆の木」人脈、「面白グループ」の蜜月の空気感を感じさせる、含蓄のあるくだらなさ、悪ふざけ、権威風刺などが満載の内容だ。

そして現在、『タモリ倶楽部』や『ブラタモリ』で、趣味人としての一面は見せるものの、『笑っていいとも！』での、一見、人畜無害な振る舞いは、昨今の派手で表面的な分かりやすさに包まれた芸人の振る舞いと比べると、分かりづらい、いやもっと噛み砕いて言うと、つまらないと思われてしまうのかもしれない。だが私は、決しておおっぴらに牙を剥き出さないけれど、心の鋭い牙を決して鈍らせないタモリさんが好きなのだ。テレホンショッキングでのアイドルとの会話は、薄っぺらいかもしれない。まったく接点がなく話も弾まないときに繰り出される有名な「髪切った?」「料理とかする?」などのフレーズ。しかし、一年中あれだけ様々な年代のゲストを相手に、昼のお茶の間番組の体を崩さず話を進めつつ、その後のコーナーでごく稀に見せる「生まれたての小鹿」などのトリッキーな立ち回り。100分の1か2しか見せないその違和感を無いことにするのではなく、何かあるかもしれないと喰らいつく所からタモリさんの真髄は見えてくるだろう。

二〇〇八年、漫画家・赤塚不二夫氏の葬儀でのタモリさんの弔辞を覚えているだろうか?白紙の用紙を手に即興での穏やかな、そして愛にあふれるそのスピーチは、「ジャックの豆の木」を知らない私のような世代にも、その高度な遊び方を容易に感じさせる、ジャズで、粋で、ユーモアとスマートさに溢れた芸であった。植草甚一氏が亡くなったときにその膨大なジャズのレコードはすべてタモリさんが買い取ったという。もしタモリさんが亡くなったら、その膨大なレコード・ライブラリーは一体誰の手に渡るのだろう?　そして、その意味を、価値をしっかりと摑まえることが出来るのだろうか?

物質のみならず、心までもコンビニエンスしてしまわないように、そして、文化の水流が決して途絶えることがないように願って、今回からこの連載を始めさせていただきます。

伯父さんの背中　伊丹十三

伊丹十三はカッコ良い大人だ。物事の、行動の、生き方の、美しさや、はしたなさ、を、自分が好きなもの、好きじゃないもの、必要なもの、必要じゃないもの、を、しっかりと見極められる人だったのだと思う。時代や流行、その対象の付加価値を、時には抜きに、時には加味して、自分の目で心で判断していく。つまり、記号としての「オシャレ」ではなくて、本質的に洒落た人なのである。

伊丹十三の一番有名な側面は、やはり映画監督だろうか？　近年はあまりテレビで放送されなくなってしまったが、『マルサの女』や『ミンボーの女』などの女シリーズは、綿密な取材に基づき偏執的なまでに拘ったディテールの演出と、テンポ良く分かりやすい脚本が融合した、大人から子供まで楽しめるエンターテイメント映画だ。ただ、私としては、突然のお葬式という風習に翻弄される顛末を、時間も画も絶品の間の使い方で、ふくよかに繊細に、でも、なにか可笑しく描いて見せた監督第一作の『お葬式』、そして、監督第二作にして、ラーメン青春西部劇の『タンポポ』の二作が、一番伊丹さんの美意識の純度が高い気がして好みである。『お葬式』での、葬式に突然現れた愛人、高瀬春奈の尻！　そして宮本信子が揺られる巨大な丸太のブランコの性的暗喩。『タンポポ』では、幼い海女がヤクザの唇の血を舐める妖艶なシーンなど、カット・インされるサイド・ストーリーがどれも味わい深い名シーンの連続だ。『タンポポ』エンディングの、壮大な人の生、根源的な食の意味を喚起させるカットは、「結局、人は生まれて、そして何か食べてエネルギーを補給し、そしていずれ老いて消えていく。それだけのことなんだ。だから、せめてその間だけでも美しく美味しいものを食べたいね＝楽しく生きていきたいね」と語りかけているかのようで、初見ではその後呆然としてしまった。ボロボロでも安くても、意味が無いとされているものでも、その人にとって意味のあるもの素晴らしいものも沢山あるけれど、歴史や経験や手間に裏打ちされた、意味のあるもの価値のあるものもちゃんと知っていくのは良いことだよと伊丹さんは優しく語りかけてくれる。そう、伊丹さんは何時だって物知りでスマートで、スノッブだけどちょっととぼけたカッコ良いおじさん（＝モノンクル）なのである。

今は、国民全ロリコン風潮が加速され、若いアイドルや若さの魅力ばかりがクローズアップされてしまうが、エイジングにアンチなんてしなくても子供には分からない楽しいことだって沢山あるんだよと、その背中で語ってくれる。そして、脱税や裏社会、様々な問題を無かったことにしない勇気のある人だった（詳しくは調べてください）。二〇一一年三月一一日以降の世界を伊丹さんはどう見たんだろうか？　何を考え、何をしたんだろうか？　と、私達は想いを馳せるのだ。

美しい跳躍　ビースティ・ボーイズ

ビースティ・ボーイズは何時だって格好良かった。『ライセンス・トゥ・イル』の時も、『ポールズ・ブティック』の時も、『イル・コミュニケーション』の時代も、「チベタン・フリーダム・コンサート」の時も。ずっと現役だったし、その佇まい、ユーモア、有無を言わさぬ痛快なエネルギーは、世界中の幅の広い世代の人々に影響を与えた。私もビースティーズからは本当に本当に沢山のことを教わった。そして、今の自分には分からないこともこれから沢山気がつくのだろう。

一九八〇年一月生まれの私にとってリアルタイムであり一番思い入れが深いのは、『チェック・ユア・ヘッド』と『イル・コミュニケーション』の西海岸時代、自身のレーベル「グランドロイヤル」と「G-SONスタジオ」を発足した時代だ。潰れて圧縮されたドラムの音に、同じく激しく圧縮されたボーカルの音質、絶妙なサンプリングに生演奏のジャズ・ファンク、そしてハードコア・パンク。世の中の基準なんて関係なしに自分たちがクールだと思うものを全部ぶち込んで、そしてシェイクする。その突き抜けた唯一無二のマジックのレシピは、二〇年近くたった今でも、まだまだ解き明かせない。勿論、真似出来るものではないし、真似しても意味がないということも、ビースティーズのファンなら百も承知だ。

ビースティーズが流行らせたこと、モノ、リバイバルさせたものは、一体幾つあるんだろう？　モーグ・シンセサイザーやリー・ペリーも、『グランドロイヤル・マガジン』の後押しが、時代とチューニングを合わせた印象だ。大人になって気がついたが、『イル・コミュニケーション』の写真はブルース・デビッドソン。チノパンにネルシャツ、染色した短髪もクールだったし、MVでの魚眼レンズも、ビースティーズが使ってから、他のMVでもよく見るようになった。

キーワードやスローガンとしてよく言われる「D.I.Y.」だが、ビースティーズほどそれを実践し、世界中にそのスモールサークルの匂い～面白さを拡散したのも希少なケースだろう。身の回りのもの、身の回りの人、身の回りの流行、流行り言葉、そして特別なアイデアと情熱で、手作りのものでも、いや、時に、手作りだからこそ、マーケティングリサーチの結果や流行品からは漂ってこない味わいや魅力があることを見せてくれたのだ。そして、世界中の若者に「私も何かをやりたい」と、昔、若者だった大人にも「まだまだ、面白いことがやりたい。出来るかもしれない」と、思わせてくれた。そして、これからビースティーズに出会う、新しい世代もきっと同じようなことを感じるのではないだろうか？

ビースティ・ボーイズが仲間達と作った音楽、そしてカルチャーは、今も、そしてこれからも世界中の少年少女の心に火をつける。

死者の声　トーマス・エジソン

レコードとは記録という意味である。その時代の、場所の、人の、人々の、声を、気持ちを、溝に刻んだ記録。一八五七年、フランス人のエドゥアール＝レオン・スコット・ド・マルタンヴィルが音を記録する最古の装置「フォノトグラフ」を発明した。ただし、その「フォノトグラフ」は当時の技術でそれを音として再生する手段はなかったそうだ。トーマス・エジソンが改良を重ね、蓄音機を実用化（商品化）したのが一八七七年。一三五年前である。と、いうことは逆に一三五年以上昔の、長い人類の歴史、音楽の歴史、は、伝承や楽譜などは残っていても直接的には音声として残っていない。

想像するに、その一三五年前の蓄音機の発明というのは、音楽の歴史上、大きなターニング・ポイントであり、現在、ＣＤから音声ファイルに音楽のパッケージング・メディアが変わるというのとは比べ物にならないほど、「記録された音楽」というものに拒否反応があっただろう。それまで当たり前だった、その場で空気を震わせて奏でられる楽器や声（＝音楽）が、違う時間、違う場所で奏でられるというのは、音のタイム・マシーンであり、人々は驚き、そう簡単に受け入れなかったのではないか。イギリスに行ったこともなければ、一九六〇年代には生まれていなくとも、気軽にビートルズを楽しむことが出来る、複製されたものが当たり前の私の世代には想像してもハッキリとは実感できない感覚、複製された音楽が初めて出来た瞬間。

大量複製のシステムは進み、音楽は二〇世紀に大衆娯楽として、世界中の様々な人々の声を様々な音楽形式で記録した。複製芸術のあるべき姿として、ある種の記録の改ざん、合成、つまり多重録音や、サンプリング＝複製の編集という手法も編み出した。そしてその記録は、時を、場所を、はるかに越えて様々な人々に夢を見せたのだ。私も二〇世紀の終わりごろにその飛沫を浴びて、音楽の魅力に取りつかれた一人である。行ったことのない街の、会ったこともない誰かが考えたアイデア、思いついたこと、意見、思想、どうしても伝えたかった気持ち。私が実際にこの目で見て体で感じたものなど実はほとんどなく、その記録に触れて魅了されたのだ。ただし、その記録には、ジャケットの方式、ジャケット・デザイン、印刷、そしてなんとも言語化できない空気感などから、その時代の、その場所の、匂いを、気持ちを、想像することが出来た。記録（レコード）が伝える何十年も前のアメリカ。ジャズ・シンガー。バックバンド。全員もう死んでいる人たち。永遠の二四歳で笑顔を振りまくハリウッド・スター。

記録されたもの、記録されなかったもの。もしかしたらこの日、彼女は歌を歌いたくなかったかもしれない。でも、歌った。そして、それは溝に刻み込まれた。そして、それを、私は今、聴くことが出来る。

永遠の瞬間　ニッパー犬

絵画《HIS MASTER'S VOICE》は、一八八九年にイギリスの画家フランシス・バラウドによって描かれた。亡くなってしまった飼い主の声が聴こえる蓄音機を、不思議そうにのぞき込むニッパー（NIPPER）の姿を描いたその絵は、一九〇〇年に英・グラモフォン社（現在の英・ＥＭＩ）の商標として登録され、後に略称「ＨＭＶ」は、グラモフォン社のレコード販売店の名前となった。「彼の（亡くなった）主人の声（を聴いている）」、ニッパー。もう、この世にはいない人の声。音楽。その記録（レコード）。

複製音楽の初期の録音方法は、その場で演奏したものを直接溝に刻み込むダイレクト・カッティングというものだった。つまり、溝に刻み込まれたその瞬間から過去になっていく一小節前の音。過去になり、しかし、永遠の命を得た、過去の音。そして、その膨大な蓄積。今現在、その記録は溢れかえり、私達はその気になれば様々な年代の様々な記録に容易に触れることが出来る。録音～複製が誰でも何時でも行えるようになった近年では、記録は驚異的なペースで増え続け、誰もその全貌を把握することは出来ない。なにかを聴いている時間にも世界中で新たな記録が作り続けられる。増幅を続ける雪だるま。

現在、ネット上でやりとりされる音楽ファイルはMP3などの圧縮されたファイル形式が一般的だが、数年のうちにそれがCDと同じ音質になり、動画サイトでは、どの販売店舗よりも膨大な量の過去の記録が聴けるようになったとしたら。小さなマイクロチップの中に入っている歴史上の名盤一万枚。ワン・クリックで転送される伝説のDJがかけたディスコ・クラシック数千曲。そこに価値や夢を見出せるか、否か。膨れ上がる情報は意味を持たず、体験が伴ったものがより重要になるのではないだろうか。あの時、友達に教えてもらった一曲。あの夏、繰り返し聴いた、イントロが鳴るだけであの夏の匂いを思い出す一曲。空調の効きすぎた、あの場所で見たライブ。ライト。壁の色。残響。

アナログとデジタルで今思う事は、やはりアナログ・メディアの記録としての情報量の多さだ。ジャマイカ盤の印刷の版ズレ、日系ハワイ二世の傷だらけのレコード。過ぎていった時間。歴史。音楽ファイルは何時の何処の国のものも全く同じ大きさのアイコンで何十年経っても劣化しない。大好きなアルバムを三〇年前にダウンロードした瞬間を覚えているのか、どうか。勿論、レコードが発明された一八七七年より前は、音楽はその場で鳴ってその場で消えていき、ジャケットもなければ記録もされなかった。たまたま二〇世紀の音楽の形が複製芸術だっただけで、これから数十年経てば、また全く別の価値観で扱われているだろう。その時、音楽は人々の心を震わせるものであるのだろうか？　未来の音楽。そして過去になる未来の音楽。

「(亡くなった) 誰かの声 (を聴いていている)」、ニッパー。

異界へ　諸星大二郎

諸星大二郎は四〇年以上にわたり、異界を、闇を、日常の裏側を、なかった事になっているものを描き続けている漫画家だ。それは、民話、伝奇、ＳＦ、歴史物、と題材が変わり、絵や物語のトーンが変わっても、根底に一貫して流れているテーマなのだろう。あなたが見ているこの世界は本当に唯一無二の世界なのか？　あるはずのない場所や、いるはずのない人は本当に何処にもいないと言い切れるのか？　その正解は本当に正解なのか？　定められた世界の形から零れ落ちる異界を、時にユーモラスに、時にホラー・タッチで、手塚治虫にも「真似出来ない」と言わしめたというその人懐っこい絵で描き、ユートピアを、またディストピアを私達の前に出現させる。そして、綿密な取材や資料に基づいた知識を感じさせ、かつ、独創的な捻り、大胆な合わせ技なども見せる、知的好奇心を刺激するストーリーも魅力的である。

細野晴臣氏にもインスパイヤー・ソング「THE MADMEN」を作らせた、日本とパプア・ニューギニアを舞台に、神話と伝統、民族問題、精霊などのテーマが複雑に絡み合う『マッドメン』。日本古来の風習、考古学などの秘密めいた怖さを、少年漫画の枠の中でトラウマ的に焼き付ける「妖怪ハンター」シリーズ。また、他とは少し違うトーンで、胃の頭町を舞台に魅力的なアナザー・ワールドの住人が現れる、ドラマにもなった『栞と紙魚子』。と、数々の傑作もあるが、私が一番好きなのは、閃き、イマジネーションが剥き出しで炸裂する短編集である。鬼ごっこと人身御供を掛け合わせた「鎮守の森」、昭和の放課後の校庭、UFO、河川敷、お化け煙突、秘密基地、夕暮れ、なんとも言えない後味を残すサイケデリックな「ぼくとフリオと校庭で」、隔離された異界からの脱出という度々描かれるテーマの「流砂」、地方の村のおどろおどろしい閉鎖性を描くミステリー・タッチの「黒石島殺人事件」、どこか映画『トゥルーマン・ショー』を思い出させる、巨大な企業に翻弄される男が主人公の「城」、夢と現、意識と無意識が混濁していくようなノスタルジックな「影の街」などが収録されている、第二一回日本漫画家協会賞優秀賞を受賞した『ぼくとフリオと校庭で』は特に傑作だ。

もしこの世界がすべて夢だとしたら。自分が信じているものが信じられなくなったら。あなたは本当にあなたですか？　世界中の皆からあなたがあなたである事を否定されたら？　どうやって自分が自分である事を証明すれば良いのだろうか？

この世界から、物事から、闇が無くなるとしたら、それは実に恐ろしい事だ。誰かが決めた闇。なかった事になる闇。排除される闇。自分が見ている世界だけが世界のすべてではないという当たり前の認識と、異界に対する想像力。

朝日のようにさわやかに　本『Get back, SUB!　あるリトル・マガジンの魂』

これはカルチュアの話、そしてサブ・カルチュアの話だ。それは「サブ」も「メイン」も混濁し、「サブカル」という薄く表面的な記号に成り果て、疲れきり、意味がなくなり、もしくは摺り替えられ、スモール・サークルの形式となる前の話。谷川俊太郎がまた新しく志が高いキーワードとして『ＳＵＢ』と命名したリトル・マガジンの、そして、それを作った男の、文化を愛した人間の、ある一つの軌跡、それを辿る旅。「NOWHERE MAN」のロング・トリップ、ロング・グッドバイ。つまり、カルチュアの話だ。

『ＳＵＢ』は一九七〇年から一九七三年にかけて六冊、前身『ぶっく・れびゅう』二冊を含めても、わずか八冊だけ発行し、そして終わった。発行していたのは当時まだ二〇代の、ジョン・レノンの様な長髪の男、小島素治。街も波止場も一望できる神戸の洋館、サッスン・アパートに編集部をかまえ、ウエストコーストの風を浴びながら、そこではジャズが流れていたという。『ぶっく・れびゅう』１号の特集は「ジョン・レノンと小野洋子」、２号が「チャーリー・ブラウンとスヌーピー」、『ＳＵＢ』１号が「ヒッピー・ラディカル・エレガンス〈花と革命〉」、そして最終号となった６号の特集が「朝日のようにさわやかに」。横尾忠則、諏訪優、浅井慎平、湯村輝彦、矢吹伸彦、草森紳一、かまやつひろし、深作欣二、といった面子が、コラム、写真等で関わった。なんという憎たらしいまでのスノッブ！　どこまでも洗練された美意識と柔軟な発想。妬みで編集部の窓に石が投げ込まれないか心配してしまう。

写真に合わせて毎号判型を変えていたという『ＳＵＢ』は、Ａ３判の６号が取次から大量に返本され、小島氏は数千万の借金を抱えることとなる。それ以降も、表紙を広告として売りに出す（！）という斬新な雑誌『DRESSAGE』、趣味の競馬を扱った『GALLOP』等を編集していくが、アルコール依存、ギャンブル依存から、借金は膨らみ、住む家をなくし、知人の家を転々とする。

『Get back, SUB!　あるリトル・マガジンの魂』は、ライターの北沢夏音が、丹念に、そして導かれるようにカルチュアの糸を辿り、『ＳＵＢ』がサブであった時代を、無骨にサブな生き方を貫き通した男を、探っていく。それは、何百年も何千年も何万年も前から連綿と続くカルチュアの道筋。その埃を拭き、破れた地図を繋ぎ合わせ、新しいバトンを、いつかの何処かの誰かに渡すかのように。

それが夢だとしても、いや夢だからこそ、有限なこの世界を、気持ちよく、美しく生きていく。けして、はしたなくは生きたくはない、よ。ラディカルに、でも、だからこそ、エレガントに。

2013

ドリーミング・デイ　山下達郎　其の壱
PEOPLE MAKE THE WORLD GO ROUND　山下達郎　其の弐
コーヒー・カップに乗ってきます　高田渡
二〇世紀の夏の日　映画『夏の夜のジャズ』
ポップの航海図　川勝正幸
キャン・ユー・ヒアー・ア・ニュー・ワールド　ジョー・ミーク
地下室のキャプテン・アメリカ　ダニエル・ジョンストン
冷凍都市　映像作品『B級TOUR －日本編－』
洗練と調和　田中一光
はてしない物語　ヘンリー・ダーガー
生命の泉　水木しげる
風に吹かれて　山上たつひこ

ドリーミング・デイ　山下達郎　其の壱

山下達郎の音楽を初めて聴いたのはＪＲ東海のＣＭソングだった「クリスマス・イブ」だ。多分、小学校五年生あたりの時、一九九〇年とかだろうか。クリスマスの時、親にラジカセを買ってもらった。かけるＣＤがないと聴くものがないので、ＣＤも買ってもらった。それが「クリスマス・イブ」のシングルだ。だから、自分の音楽環境で、自分の意思で初めて聴いた音楽が山下達郎ということになる。初めて聴いた瞬間、買って初めて聴いた瞬間、のことは特に覚えていない。

そのまま山下達郎の音楽にのめり込んだ訳ではなかった。中学に入り、同級生の影響でテクノやヒップ・ホップなどといった、当時まだ新しかった、そして既存の音楽の美学〜形式をあえて無効化するような音楽に出会い、そして熱中した。なので、むしろ達郎氏の音楽からは遠ざかったとも言えるかもしれない。九〇年代前半に出たシングルなどは、ラジオやＣＭで耳にしていたかもしれないが聴いた記憶はない。その後、シュガー・ベイブのＣＤ再発や、朝の番組『ポンキッキーズ』で曲が使われていたあたりから、また気になりだし、レア・グルーヴ的な辿り方で初期の音源をレコードで集め始めた。そこで鳴っていた音は、もう洗練され完成されていた「クリスマス・イブ」とは違う、ブラック・ミュージックの影響が強い、若く熱い音楽家の記録だった。この時に初めてちゃんとファンになったとも言える。しかし、レコードで出ている八〇年代末までの音源を聴き終わった所で満足してしまった。ブルー・アイド・ソウルとしての聴き方だったので、８ビートが増えていく八〇年代中盤以降の作品は、その時そこまでしっくり来なかったし、九〇年代以降の音源は、完成度の高い安定した大人のポップスという印象で、その時の自分には響かなかったのだ。

自分も音楽を世の中に発表するようになり、前よりは少し、音楽を、世界を、解り始めていた二〇一〇年の秋、初めてライブを見て、本当に感動してしまった。すべての点と点が繋がり、やっと達郎氏の音楽が理解できたような感覚。どこまでもプロフェッショナルな三時間半。完璧なグルーヴの演奏に、全く衰えを感じさせない艶やかで伸びやかな声。ドリーミーでポップ・ミュージックの魔法を凝縮した、めくるめく楽曲。達郎氏の音楽は極度に洗練されている。ロック・ミュージックが描く堕落志向とは正反対の、達郎氏が影響を受けたであろう六〇年代のアメリカン・ポップスのような、ど真ん中のグッド・タイム・ミュージックだ。だが、その音は、静かに燃える巨大なエネルギーで人生を強く肯定する。

人生の様々な局面の悲しみや戸惑い。大人になるということ。自分も少し大人になってしまったのかもしれない。しかし、それは悪いことじゃない。と、そう思った。

PEOPLE MAKE THE WORLD GO ROUND　山下達郎　其の弐

そう、達郎さんは突き詰めたハイ・クオリティーなポップ・ミュージックをずっとずっとやり続けていたのだ。それが生半可な事ではないのが十分に理解できるくらいには、私も物事に対する理解力を深めたつもりだ。還暦に近い年齢でありながら、ライブにおいても、あれだけの長時間、粗を感じさせないボーカリストとしての力量、ピッチの良さ。そして、フェイクなどで如実に現れる技術を超えたグッとくる感覚。シャープで快楽中枢を的確にヒットするようなカッティング・ギター。都会的で洗練されたテンション・コード、完璧に構築されたアレンジ、シャッフルのビート。それは、信じられない圧倒的なミュージシャン・シップ。あの多重コーラスが描き出すドリーミーな高揚感は、ビーチ・ボーイズともまた違った達郎さんでしか味わえない魅力である。そして、試行錯誤を繰り返しつつも、ブレず、かつ柔軟なプロデュース・マインド、強い意志。

アイドルのように容姿でファンを得たり、服装や発言などでキャラクターを作るわけでもなく、ただ音楽を好きな人が音楽を作り、そして音楽の力で支持者を増やしていく、というのはやはり並大抵の事ではない。それを、「解る人だけ解れば良い」では済まされないポップ・

ミュージックというフィールドで何十年にもわたり続けるというのは、尚更である。ライブでの、二〇代から六〇代までと思われる幅広い客層の一人一人には、その年代ごとに思い入れのある懐かしい曲があるはずだ。ある人はマニアックな音楽ファンでソウルの7インチ・シングルをコレクトしているかもしれない。またある人は、もう普段、音楽を聴くことはないが達郎さんのライブだけには足を運んでいるかもしれない。若い世代のファンは、小さい頃から耳にしていた懐かしい音楽として親しみ、そして今また聴いて、その音楽の魅力に夢中になっているのかもしれない。多様な入り口があり解釈がある、そしてそのどれもが山下達郎からブレないという懐の深さと音楽の底力。スタイルやフィーリングだけではない立体感と、逞しい王道感。

初めてライブを見てから、取り憑かれたかのように達郎熱が上がった私は、未聴の盤を集め、来る日も来る日も山下達郎を聴き、ラジオを聴き、インタビューを読み漁り、そのポップ・ミュージックの魔法の秘密を探った。勿論、解りようがない事など承知なのだけど。そして、確かに解る事といえば、達郎さんの音楽を聴くと、いつも世界が少し綺麗に見えるという事。所詮とされどの合間で空気を振動させるポップ・ミュージックは、街を、市井の人々の心を震わせる。今日も世界のどこかで、誰かが死に、誰かが生まれる。誰かは悲しみに暮れ、誰かは生を謳歌する。PEOPLE MAKE THE WORLD GO ROUND。そっと、そこに勇気や希望の光を照らす。

コーヒー・カップに乗ってきます　高田渡

音楽をやっている皆が皆、武道館のステージを目指しているわけではない。街の豆腐屋やパン屋のように慎ましく作ったものを売り、日々を積み重ね、続けていく。暮らしていく。それは、日本中に何十店舗もチェーン店を持つ店と比べ、どちらが優れていると一概に決められることではないはずだ。

新自由主義の名の下にため息もつけない世界。愚痴も許されない世界。解り易いキャッチコピーは、はみ出した諸々を無いものにする。多様な考え方、生き方、スタイルなど、元から無いかのように人々の頭から編集されて消されてしまう。誰かが決めた幸せの形。誰かが決めた豊かさ。誰かが決めた最低基準の生活を下回らないために、勝たなくてはならない。何に？

でも、余白の楽しみや余裕も持てず、二択で勝ち負けや損得を迫られるのなら、人を蹴落としてでも自分（や自分の近くの人たち）だけでも勝ち上がっていくしかない。何処に？　富が、富からしか生まれないサイクルが形成されているように見えるのなら、その場所に行きたい、行かなくてはならないと思うのは妥当だろうし、手に入れたその既得権益をどんなことがあっても守らなければならないし、富裕世襲していかなければならない。そういう構図になると、どうしてもヒステリックな雰囲気になってしまって、自分より得をしているように見える人を憎く思ったり、足を引っ張りたくなったりするかもしれない。蜘蛛の糸。だけど、そこには、その先には、本当に見たかった景色はあるのだろうか。みんな本当にそれを見たかったのだろうか？

様々な場所から聞こえる様々な感情、声。一つ一つ違う、その形。意思。ジェットコースターから振り落とされないように必死にレバーにつかまる手。コーヒー・カップに乗りたかった人もそのことを忘れてるみたいだ。それか「コーヒー・カップに乗りたい」なんて言ったら笑われてしまうかも。「コーヒー・カップに乗ってきます」なんて言ったらみんなの冷たい目が。だけど「コーヒー・カップ、良いね！」って言ってくれる人だっているはずだ。

高田渡は、「自衛隊に入ろう」や「値上げ」などの捻りの効いた風刺歌、「コーヒーブルース」、「自転車に乗って」などの生活に根ざした些細な感情を表現した曲で知られるフォーク・シンガーだ。一九六九年にURCレコードからアルバム・デビュー後、七〇年代後半からは日本中の小さな演奏場所を回り続けた。飄々と淡々と、歌を歌い生活を続けた。自分の生活、スタイルを続けた。私から見たら、大真面目に楽しそうにコーヒー・カップに乗り続ける大人だ。そしてそういう人は本来いなくてはならないはずである。

別に何かに勝たなくたって、そこに、いやもうここにも、豊かさはあるはずだ。

二〇世紀の夏の日　映画『夏の夜のジャズ』

『夏の夜のジャズ』は、一九五八年七月に行われたニューポート・ジャズ・フェスティバルの模様を捉えた記録映画である。撮影、監督をしたのは当時アメリカで最高のファッション・フォトグラファーといわれていたバート・スターン。リゾート地であるロードアイランド州ニューポートで四日間にわたって行われたこのフェスティバルを、トータル二四時間分のフィルムで記録し、それを同じく写真家で映画監督でもあるアラム・アバキャンが編集した。イントロ、ヨット・ハーバーの美しい構図に、サックスにトロンボーン、そしてギター、ジミー・ジュフリー3によるリズムレスの、軽快で凛々しい演奏が被る。そしてパンニングしたカメラは水面に煌き揺らぐスタッフ・クレジットを映し出す。それからの八〇分、計算された美しくアイデアに満ちた映像が、ミュージシャンを、ひと夏のフェスティバルを楽しみに来た聴衆を、この時代のアメリカのある一部の景色を映し出す。過ぎていく時間。戻ることのないある一日。偶然や必然の下にその場に集まり、長い人生のほんの一瞬だけ時間を交差させた人々の姿。どうでも良いことばかり覚えていたり。だけど、大切なことは忘れてしまったり。

設営からコンサート時間以外の聴衆の気ままな風景まで、周辺のムードも捉えた撮影は、今となってはこのフェスティバルを立体的、複合的に浮かび上がらせる。細部や外部、核心以外の部分から、もう一つの核心を形作る。ヨットで遊ぶ避暑客、田舎道を行くオープン・カー、音楽に合わせて屋根の上で踊る人々、サンドイッチを頬張る観客。若い、恋人たち。子供をつれた夫婦。派手なポロシャツを着た、しかし上品な黒人男性。そんな観客を映した場面は仕込みの別撮りなのだという。やけっぱちな狂騒も、溢れ出すエネルギーもない、良くも悪くも牧歌的で、平和で開放感溢れるムード。どこまでも抑制された、美意識に満ちた心地よい洗練。

エレガントでクールな振る舞い、余裕しゃくしゃくなアニタ・オデイの、音符が跳ねて飛び回るようなスキャット。ルイ・アームストロングの名人芸。マヘリア・ジャクソンのゴスペル。しかし、出演した一〇〇名以上のミュージシャンのうち、映画に登場するのは僅か四〇名ほど。マイルス・デイヴィスもデューク・エリントンも、ソニー・ロリンズもカットされているそうだ。

映画が撮られた一九五八年は、朝鮮戦争とベトナム戦争にはさまれた、アメリカにとって、正確にはアメリカの主に白人にとって平穏で幸せな時代。それは遠い昔、二〇世紀のある夏の日の記録であり、二〇世紀という時代の夏の日の記録にも見える。こんな幸せな（幸せに見える）夏の日を、もう一度私達は見ることが出来るのであろうか？

ポップの航海図　川勝正幸

ポップ・カルチャーというのは一体なんだろう？　そのままで言えば大衆文化。特定の教養や知識を必要としない、市井の人が楽しめるものといった所だろうか？　そして、はじけとぶ炭酸であり、馬鹿馬鹿しく低俗で移ろいやすい嗜好品。馬鹿馬鹿しく低俗で移ろいやすいからこそ、時代や場所、色々な情報が写りこむのだろう。それは、衣食住には直接的に関係がなく、なくても生きていけるものだ。音楽を食べては生きていけない。映画を屋根に雨露はしのげない。

妄想の時計の針を遥か太古の昔に合わせてみる。狩猟採集の時代。腕っぷしの強い男は、山や川に出かけ、狩りをする。女はその留守を守り、木の実を採る。そんな時に、綺麗な石を沢山集めたり、それを面白い形に並べたり、に、日夜熱中している人。自分の中では、文化とはそういうイメージだ。

それを「心の栄養」などという都合の良い言葉では纏めたくない。不毛なことはどこまでいっても不毛なことだ。だが、時として、むしろ、不毛なことの中からしか生まれない、美しさや面白さ、人の心を鼓舞するエネルギーが生まれることも事実だとは思う。と、謙って書いているが、私も当然それを信じて、それを愛して生きている。雨の日も、晴れの日も、狩りにも行かず、木の実を採るのもたまにだけ、来る日も来る日も綺麗な石を探して、それを割ってみたり、並べ替えてみたり……。

時計の針をぐっと現代に戻して、いや、ひとまず西暦一九八〇年代か九〇年代あたりの極東の島、日本に。産業革命を経て生活に追われることもなくなった現代人は、様々な問題を内包しながらも、科学の恩恵も受け、文化を楽しむ。一九五六年生まれの、とことん文化を愛し、文化に救われ、文化に狂わされた男、川勝正幸は、広大な文化の海を泳ぎ、そしてその海図を様々なメディアに記し残したのだった。

「有頂天」というバンドのメンバーとして知られ、現在は劇作家としても著名な、ケラリーノ・サンドロヴィッチが主宰していたインディー・レーベル「ナゴムレコード」の名付け親は、川勝だという。また、ラップ・グループ「スチャダラパー」、元クールスRCの横山剣率いる「クレイジーケンバンド」なども、いち早く大衆に紹介し、売り出しに力を貸した。つまり、一九八〇年代、九〇年代のポップ・カルチャーの影の功労者であった。

川勝正幸は二〇一二年一月、火災事故によって亡くなった。しかし、今日も、たった今も、川勝船長が地図に書き加えることが叶わなかった、新しく綺麗な、奇妙な、石は次々と見つかっている。

残された海図を頼りに、それを今度は、私達自身で拾い集めなければならない。

キャン・ユー・ヒアー・ア・ニュー・ワールド　ジョー・ミーク

宮廷の時代では、宮廷や有力貴族がパトロンとなり、創作家を支えたという。それはしかし、限られた、とび抜けたごく一部の才能が支援されていた、そしてその主従関係がどこまでもはっきりとした不自由な状態だったことも想像に難しくない。

現在では、テクノロジーの進歩により人々が余暇に割ける時間は増加し、またツールとしても手軽なものが次々と編み出され、何かを創作するということ自体は、一般庶民の楽しみとして、距離の近い日常的なものになっているのではないだろうか。

音楽のスタイルをとってみても、つい数百年前でも市井の若者が協奏曲を作曲し楽団に演奏してもらうことは簡単なことではなかったはずだ。ジャズ、ロックン・ロール、パンク、ヒップホップと、既存のスタイルの解体、単純化を繰り返し、またコンピューターの進歩も後押しし、今では携帯電話を数分操作するだけで音楽（らしきもの）が完成する。それは、テクノロジーの進歩に抗うことは出来ないという受け入れを前提とすれば、技巧や理論の習得を飛び越える安易さ、危険性をはらみつつも、境遇や身体能力を超越したアイデアの具現化、「持たざる者」への解放区だとも言える。単純化の果てに見える景色とは？　聴こえる音とは？

スタジオ・エンジニアからプロデューサーとなり、自ら立ち上げたレーベルから多数の楽曲を世に送り出した、奇才「ジョー・ミーク」は、楽器演奏も正式な作曲も出来ず、鼻歌をバンドに聞かせ、それを演奏させるという方法を採用していた。かなりの力技だが、一九五〇年代末から六〇年代という時代を考えると、それは後のサンプリング的な発想に近い先見の明のある、また技巧に縛られない自由な発想だったと言えるかもしれない。一九六一年に、大瀧詠一「さらばシベリア鉄道」のインスパイア元の一つでもあるジョン・レイトン「霧の中のジョニー」を全英No.1ヒットさせ、六二年には、ザ・トルネイドースの「テルスター」をイギリスのグループとしてはじめて全米チャートの一位に送り込むが、その後はヒットに恵まれず、借金を重ねてしまう。

一九六七年二月三日、家賃回収に訪れた大家を自宅スタジオで射殺、そして自らも猟銃自殺。享年三七歳。二月三日は敬愛するバディ・ホリーの命日でもあった。

そのような波乱に満ちたエピソードを抜きにしても、プロデュースの多くを占めるユーモラスでキャッチーな楽曲や、テープ操作などを駆使したサウンドエフェクト、猥雑な音質、ムシ声とエコーで別世界を描く「I HEAR A NEW WORLD」は、今でも十分に魅力的だ。

ジョー・ミークは、その過剰なイマジネーションで、妄想の果てのまだ誰も聴いたことのない音を、まだ誰も知らない世界の音を聴いていたのだろう。

地下室のキャプテン・アメリカ　ダニエル・ジョンストン

音楽は、映画は、文学は、人を狂わせるのか？　それとも人を救うのか？　あなたや私の人生に、それらがなかったら、一体今、どんな気持ちだろう？　何をしていたのだろうか？　車の整備士？　郵便配達員？　それともエリート・サラリーマン？　そして、それは今より楽しい日々だったのか？　そうじゃないのか？

ダニエル・ジョンストンは、「テキサスのブライアン・ウィルソン」とも呼ばれる一九六一年生まれのアメリカ人シンガー・ソングライターだ。音楽とコミックが大好きな、でも、人とのコミュニケーションが苦手な少年は、地下室での終わることのない一人遊びに明け暮れた。その日にあったことをテープレコーダーに吹き込み、ピアノの弾き語りで曲を作り、8ミリ・カメラで映画を作った。さらに、彼の趣味を理解しない母親との口論までもこっそりと録音した。大学を中退したダニエルは、テキサスにある兄の家に移り住み、自宅で録音したカセット・テープが話題になるなどミュージシャンとしてのキャリアを重ねていくが、同時に、精神病、ドラッグ、悪魔の幻影に悩まされるようになる。暴力事件、失踪、繰り返される精神病院への入退院。

調子っぱずれの歌に、へろへろなギターやピアノの演奏。極限まで計算された隙のない線や色も美しいが、一つ一つ、そこにあることの必然が絡み合った、ただそこにあるがままの線や色、ただそうしたかった、そうすることしか出来なかった線や色も、愛しく、そして、美しい。

身長が高い、低い、体重が重い、軽い、体に不自由な部分があるということは、目で見て認識することも可能だが、心の形は、他人からは、はっきりとは分からない。その形が極端でも、歪でも、それに想像力を働かせなければ、いや、働かせても、形を捉えることも理解することも困難だ。一体、何が正常か？　そしてそれは誰が決めるのか？

トム・ウェイツ、デヴィッド・ボウイ、ジョニー・デップが、ダニエルのファンだと公言し、ニルヴァーナのカート・コバーンは、毎回、ダニエルのイラスト入りのＴシャツを着用した。夢だったＭＴＶにも出演し、メジャー・レーベルからアルバムも出した。しかし、映画や漫画のように綺麗に物語は纏まらない。現在も、精神病院への入退院を繰り返し、そして創作を続け、ライブをする。初恋の人、ローリーへ捧げるラブソングを、何十年にもわたり、作り続けている。一二歳の時と変わらず、世界との距離のとり方が分からず、誰とも共有できない想いを抱え、創作に熱中している。それは、無邪気なのか？　それとも、無邪気な邪気なのか？

地下室の夢。ラジオからのビートルズ。続いていく暮らし。おばけのキャスパーにキャプテン・アメリカ。やあ、調子はどうだい？　聞こえますか？　聞こえてますか？　僕の声が聞こえますか？

冷凍都市　映像作品『B級TOUR‐日本編‐』

田我流は山梨県一宮町を拠点に活動するラップ・ミュージシャンだ。二〇一一年に公開された映画『サウダーヂ』では主演を務め注目を集めた。ライブDVD『B級TOUR‐日本編‐』は、アルバム『B級映画のように2』の全国ツアーの模様を、地元の盟友stillichimiyaの映像制作チーム、スタジオ石が纏めたものである。ライブの合間にちりばめられた美しく詩的な映像。イメージの連結を巧みに扱った編集。被写体との信頼関係の上に写し封じ込められた道々での邂逅。それは、ただの、従来の、ライブDVDよりスケールの大きな何かを映し出す。

「松屋、すき屋、マクドナルド、ラウンドワン、ドン・キホーテ!」。地元山梨県の国道沿いにあるチェーン店の名前を、DJのYOUNG-Gが挙げ連ねる。そして「そんな所を毎日ぐるぐる回らされてるんだよ」と続けると、ラッパーの田我流が「そんな街のことを俺たちがなんて呼んでいるのか……」と被せてパスを出す。次の曲名は「アイス・シティ!」。

地方都市、駅前のシャッター商店街。郊外の巨大ショッピング・モール。それは日本中に広がる光景。何処の街に行っても、同じチェーン店が並び、低価格の大量生産品が売られる。しかし、利便性や手軽さと引き換えに、そこには、確かにかつてそこにあったはずの、ぬくもりが、気遣いが、決定的に欠けているのかもしれない。

0円のスマイル。サービスとしての喜びの笑顔。規定されたタイミングでのマニュアル通りの入店への感謝、または商品購入への感謝。決められた声のトーン。声の大きさ。その時、誰の心が笑っているのか？　服を羽織っても羽織っても、サーモグラフィが真っ青なままのコミュニケーション。ベルト・コンベアで運ばれる温かな食べ物を、サーモグラフィは何色に映し出すのか？

現状の街がアイス・シティに見える人々。現状ではないアナザーなB級を志向する、A級では回収することの出来ない気持ち。このDVDには、B級の視点から眺める日本中の地方都市の息吹や自然、暮らし、人々の息遣いが記録されている。二〇一三年の日本。そしてB級な音楽。それは、A級より上か下か、良いか悪いか、古いか新しいかではなく、アナザーとしての意思表示としての、ないことになっているものを、浮かび上がらせるB級の音楽だ。

自己選択を拒否した、怠惰や無思考が生む均一化。消えていく小さな声や気持ち。同調圧力。最先端のアイテムやマーケティングによって作られた商品よりも、この都市が冷凍状態にならないためのアイデアやユーモア、そして人と人との繋がり。自分なりのやり方、味、志、他者への、世界への想像力。

洗練と調和　田中一光

田中一光は二〇世紀の日本を代表するグラフィック・デザイナーだ。一九三〇年生まれの田中一光は、戦後の高度成長と併走しながら、一九六四年の東京オリンピック、一九七〇年の大阪万博、一九八五年のつくば万博、セゾングループをはじめとする多くの企業の仕事など、二〇世紀の暮らしを、丁寧に、そして美しくデザインした。

奈良に生まれ京都で学生時代を送った田中一光は、文様、書画や茶道、舞踊などの日本の伝統的な文化と、西洋的でモダンな表現の融合、古い手法と新しい手法の融合を、一貫としたテーマとして扱った。その極限まで無駄のない、洗練され格調高い、しかしユーモラスな作品は、今なおモダンで示唆に富んでいる。

過剰消費社会へのアンチテーゼとして「簡素が豪華に引け目を感ずることなく、その簡素の中に秘めた知性なり感性なりがむしろ誇りに思える世界、そういった価値体系を拡めることができれば、少ない資源で生活を豊かにすることができる」との精神で一九八〇年にチーフ・アドバイザーとして無印良品の立ち上げに関わった。それは、即物的な形と形、色と色の組み合わせ、快楽性を超えて、生活を彩る、社会に対してのささやかな提案と実践としてのデザイン、意味を、文化を、スタイルを、あるべき場所へ、また、次なる場所に配置していく総合的なデザインだ。

一九七〇年代末のコラムで、すでに「現代はこれほど非生産的な精神状態にありながら、ヴィタミン過剰のような気がする。かつて、ぼくはデザインは社会に対するヴィタミン剤だと思ってきた。社会をより円滑に活性化するためには、どうしても必要な要素であった。しかし、無理にヴィタミン剤を薬剤として投入しなくても人間は死にはしない。にもかかわらず、社会が平和であればあるほど、薬剤の投与が激しくなる」と嘆いている。その嘆きの通りに、過剰なヴィタミン投与は激しくなる一方で、不必要かもしれない場所や物事にもヴィタミンの投与が、むしろ、一見心地よく見えるが、実の所はノイズが、当たり前のように生活の中に溢れてしまっている。街頭の広告、動画サイトの広告、店に入っても広告。一日に一度も何かの広告に触れないで過ごす日はあるのだろうか？　分かり易く即物的なドラッグの様な音楽やビジュアル、直接効能でテンションがあがるヴィタミン剤の過剰摂取。その足し算競争から思い出すのは、北風と太陽。

その北風に対し、コートを強く押さえるのは、古く愚かで神経質な発想なのかもしれない。しかし、どこまでもだらしなく安易なやり方、そしてそれをはしたないと思わない風潮が進んでいるとしたら、他者へ対して不寛容な、暴力的な北風が吹き荒れる社会に進んでいるのだとしたら……。太陽は一体何を照らすのだろうか？

はてしない物語　ヘンリー・ダーガー

　人は何のために、誰のために、何を想い創作に励むのだろうか？　仕事だから？　特定の誰かに喜んでもらうため？　社会貢献のため？　明確な意思や志を持った創作物は強く美しいが、創作は、最終的にエゴイスティックな何かをぬぐうことは出来ない。だが、複雑なその構造、はしたなさが、興味深く魅力的とも言える。他者とのコミュニケーションの中にこそ、自己が浮き彫りになり、また新たな創作の題材やきっかけが生まれる。シンプルに、ただ作りたかったというエネルギーを持続させ、創作し続けることの方が、遥かに難しいことだろう。己の熱意のみを燃料にし続けなくてはならない。それは何処まで行っても自分しかいない世界だ。

　一八九二年にシカゴで生まれたヘンリー・ダーガーは、両親との死別後、一六歳の時に知的障害児の施設から脱走し、掃除人の仕事に就く。一九歳の時から書き始めた小説『非現実の王国で』の執筆は約六〇年間にわたり、彼が亡くなる半年前まで、誰に知られることもなく続けられた。それは、一五〇〇〇ページ以上の文章、多くが三メートル近くある挿絵と、桁外れなボリュームを持ち、個人が制作したものでは世界一長い小説とも言われている。ダーガーが老人ホームに入居することになり、持ち物を整理するために部屋を訪れた大家が、この物語を発見した。子供奴隷制を持つ軍事国家と、カソリック国家との戦争、七人の少女戦士「ヴィヴィアン姉妹」を主人公とした長い長い戦いの物語である。また、ダーガー自身がカソリック国家の将軍として登場している。それは、誰のためでもない、はてしない創作。何かにあこがれることも、何かを目指すこともない、発表し名声を得るわけでもない、ただただ、何処までも自分のための創作。そして死後は全て焼却を希望していたという。

身寄りが無く、生涯で残された写真は三枚。知人と呼べる人物もいなかったため、そもそも彼の名前「DARGER」の発音が「ダーガー」なのか「ダージャー」なのかすら定かではない。挿絵として描かれた少女たちには、小さなペニスがあり、これはダーガーが女性の裸を見たことがなかったため、という説もある。ヘンリー・ダーガーは、何を愛し、何を嫌い、何を思い、何をしたかったのか？　ダーガーは、自分の人生を豊かだと思ったのか？　不毛だと思ったのか？　私には分からない。生を受け、悩み、暮らし、そして息絶えた。それは、あなたや私がいずれ辿る道と同じだ。人の何倍もナイーブではあったようだが、生涯定職には就いており、アウトサイダーというべきなのかも私には分からない。確かなことは、その生の時間をひどく極端に使ったということだ。有限の時の流れの中にポッカリと浮かぶ、誰のためでもない無限の時間。無限に広がる宇宙。それは、まさに非現実の王国だ。

生命の泉　水木しげる

水木しげるは半世紀以上にわたり、絶えず生命の賛歌を描き続けている。それは圧倒的な逞しさ、おおらかさを根底に持ったもので、自分の知っている場所や視界から見えるものを超越し、つねに、目に見えないもの、自分が知らないものへの想像力、力強く優しい肯定感に満ちている。

小学校の時から寝てばかりで、学校へ毎日遅刻する空想家の少年は、学校や職業を転々とした後、二一歳の時に徴兵され南太平洋のニューブリテン島に兵士として行くことになる。マラリアを発症し、さらに敵機の爆撃で左腕に重傷を負い、麻酔のない状態で左腕切断、と、生死をさまよう。

幸福観察学会（会員数一名）の会長として、様々な価値観の文明を、文化を、人々を見つめる、水木しげるの創作物から一貫して感じるのは、長い不遇の貧困貸本漫画家時代を経て、人気漫画家となっても「一生の間で一番神経を使ったし、一番エネルギーを出した。（中略）一生の間で一番すごかったのはやはり戦争だった。（後略）」と語る壮絶な戦争体験や、アニミズム、トーテミズムを土台とした、人間のみならず、石や花、すべての物質、生命体への、諦め、認め、調和の眼差し。そして、生命の本来の姿を見えづらくする安易な合理化、近代化への懐疑心。

戦時中に交流を図り、永住も考えた島の原住民を数十年ぶりに訪ねるが「昔は腰巻姿、ダラッとした顔つきで、一日中話をしていたのに、いまは服をまとい、靴をはき、緊迫した顔つきをして仕事が終わらないと話をしない」と近代化に警鐘を鳴らす。「あれが欲しい、これが欲しいの〝欲しい欲しい〟で毎日を追われ、そのうち一生が終わってしまうのではないだろうか」と。一度、知ってしまったもの、手にしてしまったものを捨てて元に戻ることは難しい。文明化、合理化が助長する競争社会。間違いをしない競争、自己責任という冷たいフレーズでの切り捨て、足の引っ張り合い、自己保身、に対する、圧倒的な逞しさとおおらかさ。学校も仕事もなくても楽しい世界。

何処に行って、何を見て、何を感じる？　いや、何処に行って、何を見ても、結局それをどう感じるかは自分次第だ。完璧な楽園なんてありはしない。しかし、見方を変えればもう一つの世界は浮かび上がってくるかもしれない。「ある種のフンイキをもった場所には、ある種の形と性質が自然に感じられてくるもので、まあ、それを人々が話し合っているうちに共同幻想ともいうべきものとなって語り伝えられるのだろう」、「いずれにしても人間が感じたことなのであろうから、ソレを感じることによって妖怪は生命を得るのかもしれない」。デジタルのように0か1かで割り切れるものではない、矛盾をはらんだ、人々の、万物の営み。矛盾と曖昧さをもった、愚かで、また同時にだからこそ美しく愛おしい生命への愛情。それはファンタジーであり、根源的な世界肯定でもある。

風に吹かれて　山上たつひこ

楽しいことだけやっていたいよ。楽しいものだけ見ていたいよ。出来ることなら。誰しも。でも、皆が皆、自分の半径数メートルだけ良ければいい、他のことは知らないと思ったとしたら。この世界にはどんな風が吹くのだろうか？

創作物、文化は人々に夢を見せる。時に行き場のない状況や気持ちから現実逃避させてくれる。それは一つの素晴らしい機能だ。もう一つの世界。誰にも邪魔をされることのない、魔法の時間。そして同時に、世界や社会を知るきっかけ、興味を持つきっかけ、繋がるドアになる機能も持っている。世界や社会、他者に対する自分なりの考え方。一つ一つの意味と役割。表裏一体の現実と非現実、その両方があるから、より素晴らしい。沢山のことを考えて、沢山のものを見て、沢山の場所に行ける。興味がないこと、共感しないこと、分からないことを、憎んだり、遠ざけずに、全てを愛することは出来なくても、認識し受け入れることは出来るかもしれない。少しでも、少しずつでも。

パーティーを続けるためには、スクウェアにならずにヒップでいるためには、いつまでも逃避ばかりしてはいられない。与えられたものを消費し続けるだけで、風任せで世界を旅しようというのか？　それともどんな風が吹こうとも窓をぴしゃりと閉めて世界と友達になるのを諦める？　それが許されるうちはいいけれど、おねだりを続ける子供みたいに甘い砂糖菓子だけずっと食べ続けている……なんて、悪夢じゃないか。

文化は、社会の足腰の上で成り立ち、また社会からこぼれ落ちるものを受け入れる。そして全てが無くなっても、何度でも何度でも小さな産声をあげる。自分で選んだ服を着て、読みたい本を読み、好きな音楽を楽しむことが、当たり前でいられる世界と、そうでない世界。均一化、無菌化された流動食のような物事が全てを覆いつくしてしまう前に、エスケープする場所が無くなってしまう前に、その声に誰一人として耳を貸さなくなる前に。皆と同じではない考えが許されなくなってしまわないように。ちゃんと風向きを、その匂いを、意味を、少しでも感じられるように、耳をすまし、目を凝らす。

山上たつひこの『光る風』は、一九七〇年から『少年マガジン』で連載されていた、ポリティカル・サスペンスとも評される、奇形児、特務警察、差別問題、ファシズム、戦争、大地震といった題材に正面から取り組んだ意欲作、問題作だ。まだ二〇代前半だった山上たつひこは一体どんな気持ちでこの作品に取り組んだのだろうか？　そしてその後、何を思いギャグ漫画『がきデカ』を描き始めたのか？　この漫画が描く景色が、浮き世離れした触れる必要のないものであるなら、幸せな世界なのであろう。しかし、四十数年前に吹いていた風は、まだ何も変わらず、何処かで吹いている。確実に。より見えづらくなった世界の片隅で。私の中で。あなたの中で。

2014

うつくしいとは　中原淳一
流れの中で　ドキュメンタリー『天皇の世紀』
永い夏休み　大瀧詠一　其の壱
文化の大河　大瀧詠一　其の弐
わたしの記録　本『ENJOY THE EXPERIENCE』
一緒に音楽を聴きましょう　フランキー・ナックルズ
終わらない鼓動　ハウス・ミュージック
戦う男　フェラ・クティ
書割の森　マーティン・デニー
近づけば遠くなる　エキゾチック・ミュージック
街の暮らし　池波正太郎
人々の暮らし　山口瞳

うつくしいとは　中原淳一

中原淳一は一九一三年生まれのイラストレーター、雑誌編集者、コラムニスト、ファッション・デザイナー、スタイリスト、そして人形作家。みずから創刊した少女雑誌『ひまわり』『ジュニアそれいゆ』、婦人雑誌『それいゆ』『女の部屋』を通じて、より美しく賢く生きるための知恵と技術を啓蒙した才人であった。

日本の叙情性とエレガントな西洋のモダニズムを見事に融合した、洒落て美しいライン、軽やかな色彩、そしてどこか儚くも凛と美しいファッション・イラストは、日本中の少女に見果てぬ夢を与えた。また、それらの雑誌で古典的な絵画や文学、音楽を紹介し、自身も一時在住していたフランスの文化も積極的に伝えた。「美しい」ということは、外見のことだけではなく、優しい心、他者への思いやり、謙虚な心を持つ内面をも併せ持たねばならないとの哲学。『ひまわり』の愛読者で読者投稿欄の常連でもあった女優の中村メイコは「日本女性のヒーローでした。ＳＭＡＰなんてものじゃないのよ。革命家みたいね。どこにも所属せずに自分のアイデアを追求して、発信された方でした」と語る。

そのあまりに気高く、潔癖とも感じられる美学は、「エチケットは私たちの言語動作をキュウクツにするものではなくて、私たちが本当に楽しく暮らすために、忘れてはならないことなのです」との理念に基づき、また「いつまでも古くならないもの、それこそがむしろもっとも新しいもの」といった本質志向をベースに、第二次世界大戦後の物の少なかった時代だからこそ、物質の、物事の、意味を理解し、愛し、生活していくことを、美しさを見極める力の大切さを説いたのだ。さらには、売ってるものを買うだけでなく、自分で考え、作り、作り替えるということの面白さ、豊かさを。それは、特定の時代の女性だけではなく現代の私達にとっても、示唆に富んだ発想であり、志だ。「かくありたいと願う心、それが今までの文化を築きあげてきたとも言えるだろう」

最後に中原淳一のエッセンスを凝縮した詩を。

「もしこの世の中に、風にゆれる『花』がなかったら、人の心はもっともっと、荒んでいたかもしれない。もしこの世の中に『色』がなかったら、人々の人生観まで変わっていたかもしれない。もしこの世の中に『信じる』ことがなかったら、一日として安心してはいられない。もしこの世の中に『思いやり』がなかったら、淋しくて、とても生きてはいられない。もしこの世の中に『小鳥』が歌わなかったら、人は微笑むことを知らなかったかもしれない。もしこの世の中に『音楽』がなかったら、このけわしい現実から逃れられる時間がなかっただろう。もしこの世の中に『詩』がなかったら、人は美しい言葉も知らないままで死んでいく。もしこの世の中に『愛する心』がなかったら、人間はだれもが孤独です」

　全ては過去の時間と繋がり、流れ、時には革命的に飛躍し、また時には、後から振り返り「何故このようなことになったのだ」という淀みや、歪みを生みながら、悠久の時間の中で、形を変え、意味を変え、それでも大きな川の片隅をプカリプカリと、「文化」という欠片も流れ続けている。それは私達の生活も同じことだ。全ての連続性、発明、発展、ミームの積み重ねを、意識しようがしなかろうが、その上に成り立っている。形式や作法の上で、時代や、テクノロジーの発展、個人のアイデアやイマジネーション、行動が折り重なり、また新たな歴史が作られていく。それは勿論、複製芸術が成り立つ以前、ずっとずっと昔から繋がっているもので、時には政治に、時には流行に、左右されながらも、長い長い時間をかけて、形作られたものだ。ハーモニーも、リズムの拍子も、楽器も、楽器の音色も、一つの声色の出し方も、マイクスタンドの部品一つも、先人の鍛錬や試行錯誤を経て洗練されていったもの、文化の積み重なりである。

　見えるもの以外を、見えやすいもの以外を、想像するのは難しい。想像する必要がなければ、それで良いのかもしれない。この連載は、時代や、場所、表現の形式を超えて、様々な偉大な文化の先人を、もう一度、しっかりと見据えることが出来たら、そして、文化水流を、時にはさかのぼり、時には横道にそれることによって、何かの発見があるのではないかとの試みだ。自分の都合や思い付きで描いた歪な世界地図が、正しい姿だと思うのも別に悪くはない。遠く離れた場所に実際に行くことがなければ。自分が見たいものだけが世界の全てだとずっと思い続けられるのなら。

江戸時代にも、フランク・ザッパのようなアイデアを持った歌舞伎役者がいたかもしれない。いや、いないはずがない。ジョン・ケージのような浮世絵画家もいただろうし、ボブ・マーリーのようなエネルギーを持った農民もいたのかもしれない。しかし、全ては歴史の藻屑。ほんの一瞬の星の瞬き。そして、勿論、今この時代も、時間も、後から振り返ればほんの一瞬の歴史の藻屑。出来ることなんかたいしてない。でも、だからこそ、やらなければならないのだけど。文化の水流を、私達の暮らしの水流を、淀まずに、出来るだけ良い形で、また次のほんの僅かな時間の流れへと、託さなければならない。ずっと、ずっと、その繰り返し。ただそれだけの繰り返し。

しかし、自己利益のためだけに、短い時間のためだけに、その水源を、枯渇させたり、流れを遮断させてはならないのだ。科学や技術の発展の中で、その水流を操れるようになったのであれば、より、だからこそ。それは長い時間の中で、自然に形を変えていく。ただ楽しく、木々を拾い、岩を掃除し、忘れ去られていた文化の欠片を綺麗に洗い、出来る限りの綺麗な新しい欠片を水流に託す。やるべきことをやるだけだ。

大瀧詠一は音楽〜文化への深い愛情をベースとした趣味人であった。生まれ育った岩手では転校を繰り返し、友達のいない子供だったが、自作したラジオで隣県青森の三沢基地から届く在日米軍向けラジオ局「ＦＥＮ」を聴き、日本に情報が入るより早くリアルタイムで英米のヒット・ソングに触れていた。いわく「一九六二年夏から一九六六年までにチャートインした曲はすべて覚えている」という。また、豊富な知識とともに探究心や開拓心にも富み、バンド「はっぴいえんど」解散後の一九七四年に立ち上げたプライベートレーベル「ナイアガラレコード」は、自宅にスタジオを構え、原盤製作、原盤管理をするという、当時の日本では画期的なインディペンデント・スタンスであった。

同時期は、いち早いニューオリンズのセカンド・ライン・リズムの導入、サーフィン・インスト〜エキゾチックな多羅尾伴内楽団、一月から一二月までの楽曲を収録した『ナイアガラ・カレンダー』など、遊び心に満ちた作品を怒涛のペースでリリース。同名の擬似ラジオ・アルバムも後にリリースしたラジオ関東での番組『ゴー・ゴー・ナイアガラ』もあり、熱心なファンの支持は受けたものの、商業的な成功には結びつかない不遇の時代だった。

しかし、（良くも悪くも）趣味的な作風を整理し、「はっぴいえんど」時代の盟友、松本隆の歌詞を全面的に起用、シンガー、作曲家としての自らの魅力に力点を絞った『ア・ロング・バケイション』を一九八一年に発表。後のバブル景気の予兆を感じさせる、あまりにも軽やかな永井博のイラストレーションも時代の空気とリンクし、ミリオンセールスを達成。松田聖子や薬師丸ひろ子へ提供した曲もヒットするなど一躍ヒットメイカーになった。

ここからが一筋縄ではいかない。一九八二年に佐野元春、杉真理とのアルバム『ナイアガラトライアングル Vol.2』、一九八四年には、『ア・ロング・バケイション』を推し進めた、音楽的には続編ともとれるアルバム『イーチ・タイム』を発表し、どちらもヒットを飛ばすが、ここで突然の沈黙。自らの新曲発表は行われず、一九八四年から二〇一一年まで二五年以上続いた山下達郎との「新春放談」などのラジオ出演、ナイアガラレコードの旧譜の再発、影響を受けた先人の復刻音源の監修など、それ以外の限られた活動のみになってしまう。一九八四年時点では、一九九一年にはソロでの新作『１９９１』を、二〇〇一年に再びソロの新作として『２００1年ナイアガラの旅』を発表予定と発言するも、発表されることなく沈黙を続ける。一九九七年には一二年ぶりとなるシングル「幸せな結末」がミリオンセラーを達成、二〇〇三年にも、最後の楽曲となった「恋するふたり」を発表。しかし、新作アルバムをリリースすることはなかった。

文化の大河　大瀧詠一　其の弐

隠居後の大瀧詠一のイメージといえば、やはり趣味人、それも真性で一流の趣味人だ。音楽だけに留まらず、映画、落語、相撲、野球など、様々な分野の研究に勤しみ、ある時は長嶋ジャイアンツのキャンプを見学するために宮崎市へ足を運び、またある時は小津映画のロケ地を自ら割り出しては巡礼といった様子。それは、潔く洒脱な高等遊民的な生活。しかし、遊びのレベルでは済まされない。

戦後の日本のポピュラー音楽の考察として、一九八三年に「分母分子論」を雑誌で発表する。英米のポピュラー音楽が「分母」としてあり、それ元として出来た日本の音楽を「分子」とする、世界史分の日本史、それは、戦後歌謡、ロカビリー、GS、フォークなどの時代までに顕著であった。さらにその世界史を内包した日本史を元とする日本史、（世界史）分の日本史分の日本史。そして、八〇年代以降は、世界史、世界史を内包した日本史、そして日本史が横倒しになり「分母が喪失」してしまったと続く。また、世界史から日本史への翻訳の過程で否応なく起こる「誤読」から「新しい価値、または新しいものが創造できるじゃないか」との歴史考察、ある種の絶対的なオリジナリティーへの懐疑心は、膨大な引用、パロディに溢れた大瀧の作風を裏付ける考えであり、近代日本文化の西洋との関係を、音楽のみならず炙り出す。

一九九一年には「分母分子論」をベースとした「普動説」を発表。英米と日本の音楽との関係、流れをより深く綿密に掘り下げる。同様の研究発表はラジオでも行なわれ、一九九五年にNHK-FMで放送された『大瀧詠一の日本ポップス伝』では、明治から現代に至る日本の歌謡史を独自の切り口で紹介。一九九九年には『日本ポップス伝2』が、逝去により残念ながら完結しなかったものの二〇一二年からは『アメリカン・ポップス伝』もスタート、次にはイギリスのポップス伝も予定されていたという。晩年には「ラジオ番組が私のアルバムだ」との発言も残していたが、確かにその尋常でない熱度の研究は、一つの作品であり、二〇世紀、戦後の音楽のみならず、人々の暮らし、社会、時代、あまりにも多くのものへと繋がり広がっていくものであった。

どこか浮世離れしていたその生き方、哲学といって差し支えのない、その物事の捉え方、知恵と博識、そして勿論、メロディメーカー、シンガー、アレンジャー、プロデューサーとしての魅力的な才能は、何十年も新作アルバムを出さずとも「ナイアガラー」と称される熱心なファンを生み出し続けた。それはまさに、始まりが終わり、終わりが始まりという「ナイアガラ双六」。果てしなく滝壺に注ぎ込む大量の文化の飛沫。そして、私達に残された沢山の宿題。ロード・トゥ・ナイアガラ、またの名を文化の大河。紐解く旅は、まだまだ続く。

わたしの記録　本『ENJOY THE EXPERIENCE』

『ENJOY THE EXPERIENCE : HOMEMADE RECORDS 1958-1992』――この本は、タイトルの通り、一九五八年から一九九二年の間に作られた自主制作レコードのガイド本だ。それは、SoundCloudもYouTubeもない時代に、音楽を正業としていなかったであろう人々が、多くの情熱と予算を使い、（ほぼ大半がきっと）人生で一枚だけ作ったレコード。既存のレコード・メーカーからリリースされたものにはない、その密度の濃いエネルギーは、実際の音以上に雄弁に何かを語る。多くの情報がアーカイブ化されていく中でも最後の秘境と言えるレコード（記録）の領域だ。

私自身も、リサイクル・ショップやフリー・マーケットを巡ってのレコード集めに熱中していた頃、プライベート・レコードの存在、魅力に気が付いた。音が良いか曲が良いかにかかわらず、自主制作盤には何かが潜んでいる。学校の卒業記念に卒業式を録音したレコードの、小学生が演奏する聴いたことがないくらい下手なＹＭＯ。フォト・ショップもイラストレーターもなかった時代の、自分や友達が描いたであろう下手糞なイラスト。何々荘、何号室とある、メンバーが住んでいたであろう部屋の住所には「〇〇事務局」。もう繋がらないであろう、その部屋の電話番号。凄くパーソナルな、子供が自作した漫画集やスクラップ・ブックのような佇まいに、熱気。

そのレコードを切っ掛けにスターになろうと思ったのかもしれないし、そこまで大それた気持ちはなくとも、近所で評判の歌唱力を持っていたのかもしれない。または誰にも音楽を作っていることを打ち明けずに、ずっと、ベッドルームで作っていた音楽を誰かに聴かせたくなったのかもしれない。ビートルズに、エルヴィス・プレスリーになれなかった、もしくは最初からなろうともしていなかった人たちの記録、つまりは歴史の裏通りの文化史。通常、クローズアップされるのは表通りだが、インターネットにもアーカイブしきれない、その裏通りには、歴史の陰に埋もれたままの夢、かつてそこに確かに存在した人物の存在の証明が人知れず転がっている。そして、プライベート・レコードのアルバム名を見ていると、「MY WAY」や「LIFE」などの単語が多いことに気が付く。

私達は生まれて死ぬまでの間に何をすることが出来るのだろう？　何を残すことが出来るのだろう？　ほとんど全ての人は後世に何も残すことなく、ただ生まれて死んでいく。それが普通だ。生きている時間の中で社会に参加し人々の共同生活の役に立つ、子孫を残す。それだけで十分な役割のはずだ。しかし、それでも自分が生きた証を残したくなるのも、またまっとうな気持ちであり、まっとうな足掻きだ。かつて存在した夢と、その足跡。それを、ただ眺める。汚れた溝。針が振動を拾う。

一緒に音楽を聴きましょう　フランキー・ナックルズ

人々の体を、心を躍動させる、人々に踊ってもらうことを目的としたダンス・ミュージックは、主に黒人音楽を中心として遥か昔から存在していた。複製芸術以降でも、カリブの音楽や、ジャズ、ロックン・ロールの一部は、ダンス・ホール、ジャズ・クラブといった場でダンス・ミュージックとしての機能を果たしていたと考えられる。ディスコという言葉の語源となったのはフランス語のdiscotheque（ディスコテック）。「レコード置き場」という意味で、第二次世界大戦中に生バンドの演奏が困難となったナイトクラブで、レコードを代わりに掛けるようになったのがディスコの起源とされている。

一九七〇年代、強力に音声が増幅される音響設備、アンプやスピーカーも開発され、また録音作品自体もマルチトラック録音による複雑な構成、最新のエフェクターを駆使した、より録音芸術ならではのものへ進化していた。フルバンドより経費がかからないといった面もあり、レコードを聴いて楽しむダンスを踊る場所も増加したという。その中でも、黒人のゲイが集まる「ザ・ギャラリー」「ザ・ロフト」といった場は、アンダーグラウンドな黒人音楽、ダンス・ミュージックを聴ける場所として密かな人気を集めていた。フランキー・ナックルズは、親友のラリー・レヴァン（後にパラダイス・ガレージのレジデントＤＪとして絶大な人気を博す）と共に、そのような場所に頻繁に足を運び、後に自身もディスコＤＪとしての活動を始め、一九七七年には、シカゴに移住し「ウェアハウス」というディスコのレジデントＤＪとなる。「ハウス」という音楽ジャンルの名称の元となったといわれるこの場所でのナックルズのＤＪは、最新の黒人ディスコ・ミュージックに、ヨーロッパのシンセサイザー音楽も自由に組み込んだ創造的なものだった。時には自然音や電車のＳＥなども駆使したドラマチックなプレイを目当てに、当初の黒人同性愛者に加え、次第に様々な人種や性的指向の人々が集まり、ダンスのステップは止まることがなく、夜の一二時から翌日の昼間まで続いた。

当時の日本では風俗的なものとして消費され、実際の音楽も白人的なエッセンスが強調されたものが人気を集めていたディスコ・ミュージックだが、アメリカでは黒人のマイノリティー・コミュニティーの音楽、また最先端の音響技術、音楽の場として、人々が踊るという共通項のもとに様々な実験が行われていた。一九七九年には、ディスコ・ミュージック＝黒人音楽、ゲイ、を嫌う白人のロック愛好家のラジオＤＪを中心に、野球場に集めたディスコのレコードを爆破するという反ディスコ活動の横槍も入るが、シンセサイザーやリズムマシーンなどの機材を取り入れて進化した黒人ディスコ音楽は、新しい形「ハウス」を生む。

終わらない鼓動　ハウス・ミュージック

ディスコ、そしてそこから派生したハウス、それらが再びヨーロッパのシンセサイザー音楽と結びつき生まれたテクノ、などのダンス・ミュージックは、音楽の意味合いという面でも、それまでの西洋音楽、またジャズやロックとも異なる構造を持っていた。聴衆とのエネルギーのフィードバックという形自体は、ロックでも重要な要素であったが、ロックの場合、基本前提として、演者、スターを、見る、聴く、というステージの上と下という差異は物理的にも精神的にも明確であった。しかし、第二次世界大戦中、人々が集まり生バンドの代わりにレコードを聴くという行為（集まり）を起源に持つダンス・ミュージックは、様々な音楽を華麗に繋ぎ合わせ単体でのリスニングとは別物の音楽効果を生み出す、長い時間をかけ、音楽によって一晩の旅を作り出す、ＤＪという存在はあるとしても、それはあくまで音楽会の幹事に過ぎず、絶対的なスターでも、まずその場で音楽を演奏する演奏者でもないのである。

そこではつまらない演奏者の拘りや、技術を鑑賞することよりも、集まった人々が楽しくなる事が、また黒人のゲイといった当時ではよりマイノリティーの立場にいた人々が週末の一時でも日々の鬱憤を晴らせるかどうか、つまりは短絡的にどれだけ踊れるかということが重要視された。主役は演者ではなく、パーティーに集まったダンサーなのである。それは即物的で、あまりにも身も蓋もない、チープな発想。だが、チープだということは、何時の時代でも同じように、新しい何かが始まる時に必要な要素でもある。そして、それは必然的にコミュニティーの社交場としても機能した。場が、時代が、テクノロジーが、作り出し、人々が求め、形作られていった、新しいやり方と新しい楽しみ方。参加者は演者の表現を静かに聴いて帰路に着くのではなく、能動的にパーティーを作り上げる。そこにはステージの上と下という構図はなく、ＤＪと同等に主役なのだ。

以上が、理解している人にはあまりにも今更な、ディスコという場の確立以降、より明確に成り立ったダンス・ミュージックのシステム、エネルギー循環、または「コンサート」ではなく「パーティー」という観念だ。傍観者から、参加者へ。絶対的なスターよりも、友達の笑顔。世界の消費者ではなく、ほんのちょっとした何か、取るに足らない何かでも、くだらないことでも、ほんのちょっとでも、誰かを喜ばせる何かの生産者へ。

一分間に一二〇回のバスドラム。ハート・ビート。そして、心臓の鼓動。ディスコやハウスのボーカル・チューンは、ほとんどが同じような歌詞だ。「みんなで踊ろう」、「この夜を楽しもう」、「あなたを愛している」、など。それは意味のないクリシェだろうか？　では、意味のあることって何だろうか？　ＤＪが１２０ＢＰＭのハート・ビートを次のハート・ビートにロング・ミックス。ダンサーは今夜も踊り続ける。

戦う男　フェラ・クティ

フェラ・クティは、一九三八年ナイジェリア生まれの音楽家、アフロビートの創始者であり「ブラック・プレジデント」の呼び名を持つ黒人解放運動家である。呪術的で扇動的、延々と繰り返されるアフリカン・ビート。そして、その上に乗せられる反体制のアジテーション。その強烈なエネルギーは今現在も色あせることなく、この世界に警告を鳴らす。スタイルとしての上辺だけのものではなく、まさに人生をかけて、消費経済を批判、西洋文明がアフリカに押し付けた価値観への服従を拒否し続けたのだ。

中等学校の校長の父と、政治活動に没頭していた母という、それなりに裕福な家庭で育ったフェラは、学生時代は内気な青年だったという。音楽家を志しイギリスの音楽学校へ留学、ナイジェリアに帰国後は、ラジオ局で働き、ハイライフと言われるアフリカン・ジャズを演奏していた。バンドは人気を獲得するが、音楽を愛好する富裕層が少ないこともあり、金銭面では不調が続く。一九六九年のアメリカ・ツアー中に出会った、ブラック・パンサーのメンバーである黒人女性サンドラから、政治活動の影響を受け、また音楽的にもファンク・ミュージックに感化されたシンプルな踊りやすいものへと変化を遂げる。帰国後、アフロ・スポット（後に

「シュライン」へ改名）と名付けた会場を拠点に活動し、アフロビートを確立するなど、商業的にも成功を収めるが、反権力的な態度で政府との対立を深めていき、様々な理由で何度も逮捕されるようになる。自衛のため、自宅の周囲を高さ四メートルの有刺鉄線で囲み、その場を「カラクタ共和国」と命名。バンド仲間との共同生活が始まり、さらに音楽的密度を高め、巻き込まれた事件や権力の腐敗の告発などを題材としたアルバムを次々とヒットさせた。しかし、一九七七年、対立はついに頂点に達し、一〇〇〇人の軍隊により襲撃を受け、共和国は放火によって消失、母親は二階から突き落とされ、女達は犯された。翌年、カラクタ襲撃事件が原因となり最愛の母親が死去。フェラは妄想に取り憑かれ、神秘主義に傾倒し、奇妙な儀式を行うなど混乱を極めていく。

一九九七年、エイズによる合併症で死去。五八歳。晩年は一文無しだったという。バンド・メンバーである女性コーラス二七人と同時に結婚するなど、エキセントリックな面もあったが、博愛主義者であり、理想主義を貫き通し、また独裁的でありながらも平等主義者であった。また、生涯にわたり軍事政権との対立は続き、一九九三年の時点で三五六回も法廷に足を運んだという。フェラが生涯にわたり抵抗し続けたのは、進歩主義や、巨大権力、非平等の拝金主義、愚かで自己中心的な権力者、つまるところ肥大した資本主義。それは今、より、この世界を覆いつくそうとしているものである。

書割の森　マーティン・デニー

エキゾチカとは、米国の作曲家、編曲家であるマーティン・デニーが一九五六年に発表した、『エキゾチカ』という名のアルバムから始まったとされる、スタイル、ジャンルである。それは語源のエキゾチックの意味、「異国的」をキーワードに「ここではない何処か」に対する憧憬を形にしたものだ。

朝鮮戦争とベトナム戦争の狭間、つかの間の平和な夢を見ていたアメリカだが、当時、遠い他国への旅行は、まだ気軽に行けるものではなかった。未知なる物を追い求め、メキシコ湾を眼前に、アメリカ合衆国の南端に位置するヒューストンのNASAから宇宙にロケットが飛び立つ、アフリカ大陸から奴隷として移住した屈強な黒人の末裔が、母なる大地アフリカ、もしくは「ここではなく何処か」として、宇宙を夢想する、といったアドベンチャー精神、現実逃避的な意識の飛躍と比べ、裕福な白人が、娯楽的に、擬似旅行を楽しむ為に生まれたのがエキゾチカだ。自宅のリビングのソファーに深く身を沈め、アトラクションの様に楽しむ異国。それは、豊かな生活、安定した生活の上で成り立った娯楽。ロックの時代が始まり、ベトナム戦争が始まると、エキゾチカはすぐに時代の外へ追いやられてしまう。

しかし、エキゾチカというタームが現代でも有効に再解釈されているのは、直接的な音楽のスタイル、使用楽器、アレンジの面白さもさることながら、自分を、自分のルーツを、「今、ここ」を表現するのではなく、体験ではなく非体験を重要視して「ここではない何処か」を描くという、パラドキシカルな表現構造があってこそだろう。そこで描かれるのは、全てが空想して作られたファンタジーとは違う、だが、現実にある場所とも、また少し違う、エキゾチカな世界。そこでは、未開の夜の森に猛獣が彷徨い、ちょんまげの侍が街を闊歩する。それは実際の世界よりも面白いかもしれない、まだ見ぬ「ここではない何処か」。どこに行っても存在しない、レコードの溝の中にだけ刻まれた、私達の頭の中にだけ存在しうる不思議な場所だ。

ロケーション撮影のリアリティーや臨場感が無い代わりに、幾らでもエフェクトをかけることが出来る書割の撮影。逆に言うと、どんなに精巧に描こうとしても、どこまで近づいても、雲は動かず、天候も変わらない、書割の世界。しかし、それでも、実験映画でも、B級映画でもない。ロケーション撮影の予算が無くても、ロケに出てしまえば失われる何かを、最大限に増幅し、エンターテイメントとして表現する。それは、五〇年以上前と比べ、情報へのアクセスが簡単になり、未開の場所が減ろうとも、決して減退させてはいけない、想像力という領域を使った、イマジナリー・サウンドスケープである。

近づけば遠くなる　エキゾチック・ミュージック

　前回、書いたように、他の音楽ジャンルと比べてもさらに、形式よりも、その発想、構図が核となる、書割で「ここではない何処か」を描く、エキゾチカ。そこで大事なのは、対象への距離である。それは、物理的な距離は勿論のこと、時間、文化の差異などであろうか。つまり、同じ場所であっても、時間の離れた、ノスタルジーというものも、受け手からの距離が遠ければエキゾとして成り立つ。映画『ALWAYS 三丁目の夕日』的な昭和の町並み、暮らしぶりというのは、その時代を体験している世代から見ればノスタルジーだが、その時代を生きていない世代から見れば、ノスタルジーでありつつ、またエキゾチックなものとしても享受されるのではないだろうか。しかし、江戸時代にエキゾを感じても、ノスタルジーを感じるのは難しい。自分が今いる場所から連続性が強く感じられれば、未体験のものでもノスタルジーを喚起するが、遠く離れすぎると、「ああ、ちょんまげの暮らしが懐かしい」とはならない。さらに遠く、石器時代まで離れてみると、もうそれはエキゾとして成立しているのかすら判断できない。この情報量に基づいた距離感こそがエキゾの秘密であろう。ギャングスタ・ラップや、シティー・ポップも同様に、共感の念としての支持もあるだろうが、そのギャングスタ・ライフや、バブルな暮らしへの距離が、エキゾとして機能している面もあるはずだ。

第二次世界大戦後の日本のポップ・ミュージックは、アメリカ経由で入り込んだ、カントリー、ジャズ、ロックからヒップ・ホップまで、つねに「ここではない何処か」で生まれ、起こった話との距離の取りかたを試行錯誤してきた。戦中を体験していない第一世代、アメリカの文化に対して屈託のない団塊の世代を中心としたバンド「はっぴいえんど」は、ドラマーで作詞家の松本隆氏が、青山、渋谷、麻布を三角形に結んだ地域を舞台に、時計の針を、一九六四年の東京オリンピック以前に戻し、さらに、そのノスタルジーをエフェクトで滲ませ、「風街」というタームで使用した。その、ノスタルジーに終わらせず、対象との距離を取り、書割の世界として描いたことが普遍性をもたらしている。

「はっぴいえんど」で言えば、「トロピカル・ダンディー」、「チャンキー・ミュージック」といった標語を掲げ、世界各国の音楽をごった煮で取り入れた「トロピカル三部作」など、細野晴臣氏は、エキゾのイメージが強いが、好奇心旺盛の為、非体験で終わらず、その地へ足を運ぶ印象もある。その意味では、米軍放送をラジオで聴き、福生という擬似アメリカに長年住み、遠いアメリカのポップスを実践〜研究しながら、それ以上の距離を詰めず、生涯、非体験を貫いた大瀧詠一氏は、その距離の持つ魔法に自覚的だったのかもしれない。近づけば遠くなる、これ、エキゾチカ。

街の暮らし　池波正太郎

池波正太郎『男の作法』は、シティボーイにとって当然の嗜みを扱った必読書である。と、とりあえず言い切ってしまおう。洒落た服や、アイテムで着飾っても、中身が空っぽであれば、それほど悲しい事はないのだから。

タイトルに「男」とあるが、勿論、男に限らず、全ての都市生活者がスマートに心地良く、そして美しく生きる為の、知っておくべき大人の「粋」や作法。一九二三年生まれの著者が書いた、一九八一年に発行された本であり、序文でも記されているように、時代とそぐわない面もあるように感じられるが、その構図、また、表面ではなく物事の本質を理解するように努めよ、との、示唆、視点は、生活や社会のシステムが変わろうとも、普遍に有効であろう。

「お寿司屋さんで、シャリとか、オテモト、アガリなどというのは、お店の人が言うことであって、お客さんは普通に『お茶をください』と言えば良いのです。通ぶって振舞うのは、はしたないですよ」。などなど、その内容は、至ってシンプルな、言わば「親父の小言」だ。「飲み会で、食べ物にがっついては恥ずかしいから、その前にそばでも食べてお腹を作っておきなさい」、「でも、天ぷらは冷めないうちに早く食べなさい、お喋りばかりしていたら職人さんに失礼だよ」。「香りが抜けてしまうから、わさびは醤油に溶かず、お刺身に乗せて食べなさい」。ちゃんとしたお店や、ちゃんとした人のやることにはちゃんと意味があるんだから、「ガマ口の中に二千円しかなくて百万円の自動車を乗り回しているなんて、やはりみっともないでしょう」と。

出来ればチップを渡しなさい、感謝の気持ちを伝えなさい、なんていうのは、安く、多くの、良いと思われるものを手に入れることが賢い消費生活で、「お金を払っているんだから、私はお客様なんだから、提供されるべきサービスはちゃんとやってもらわなければ困ります」というお客様根性、権利が、物事の、行為の、はしたなさをヒョイと軽々超えてしまう現代社会の中で、軽視されている事である。つまり、その振る舞いの作法は、多勢の人間で成り立つ社会の中で、自分も世の中から恩恵を受けているのだから、「自分だけではなく、もっと色々な人の利益になること」を出来るように、他者に気を配りなさいという、まっとうな思想に集結される。

「白と黒とに割り切れるわけではない人間の社会の中で、融通を効かせていきましょうよ」という、当たり前のことを、当たり前に出来る大人の男になる為の作法書であり、軽い読み物でもあるこの本を、シティボーイも、ボーイと言えない年頃の、ボーイに背中を見せなければいけない、おじさんも、こっそりと何度も読み込み、そして本棚の端っこにでも、そっと並べておこうではありませんか。

人々の暮らし　山口瞳

池波正太郎『男の作法』から続いて、頑固親父からの作法伝達の名著と言えば、やはり山口瞳の『礼儀作法入門』、『続 礼儀作法入門』だろうか。

昭和元年となる一九二六年生まれの山口瞳は、戦争体験を経て、サントリーの会社員時代に、PR雑誌『洋酒天国』を編集。コピーライターとしても活躍し、後に著書の表紙絵で長年にわたりタッグを組む柳原良平とも親交を深める。一九六二年には、高度経済成長期の典型サラリーマンの日常を描写した『江分利満氏の優雅な生活』で、第四八回直木賞を受賞。代表作は、自らの両親の生い立ちを題材として、第二七回菊池寛賞を受賞した『血族』、生涯愛した国立の人々を描き、高倉健の主演で映画化もされた『居酒屋兆治』などだろうか。しかし、山口瞳の真髄は、一九六三年から三一年間、死去まで一度も穴を開けることなく『週刊新潮』に連載を続け、ライフ・ワークとなったエッセイ、「男性自身」シリーズだ。

拘りの人であり、旅館や酒場、温泉などの原稿も多く、淡々とした生活の機微を、時にユーモラスに、時にウェットに描き続けた山口瞳は、聖と俗の間で、ずっとぼやきながらも、市井の人々の生活を、人生を愛す。晩年のエッセイは、往年の硬く美しかった文のリズムから、少し芯が柔らかくなっているように感じられるが、その装飾を減らした文体で、死のほんの直前まで、心象を書き残した。

入院生活や手術の顛末をドライに描写し、いつも通りの流石の読ませる原稿にしながらも、入浴時に、まだ張りのある自身の体を眺め「この世から消えていくとは思われない」と死を意識した心境も吐露する。そして、愛しの自宅の庭の夢を見る。荒れた枯葉や枯枝、塵の積もった庭を竹箒で掃除をする夢。うつらうつらと連なる短い夢。

遺作となったのは「仔象を連れて」と題された一編。生涯、師と慕った高橋義孝の死を追悼し、そして、その高橋義孝を、自身を振り返り、その認知度の低さから「我国の文化程度はこんなに低いのか」と嘆く。「これは文芸評論家の論ずる文化のことではない。言ってみれば情念や感性のことである」と。さらに筆は進み、段落は変わり、「どうやって死んでいったらいいのだろうか」と続く。それは、昭和の歴史とともに歩みを進めた山口瞳が残した、文字通り決死のドキュメント、作り物ではない、あまりにも切実な、それでいて抑制された、生活人としての歩みの記録の最終章だ。

時は移ろい、人は生まれ、そして死ぬ。街も表情を変え、生活の形式も、少しずつ少しずつ変わっていく。すべては変わっていく。同じではいられない。その抜け殻の時を串刺し、悠久の時を超え、続いていく、繋がっていく、心に潤いを与える何か。それは、確かに残された。

2015

毎日のドラマ　向田邦子
記憶の残響　こだま和文
ミスター・シティボーイ　ムッシュかまやつ　其の壱
何かに凝ったり狂ったり　ムッシュかまやつ　其の弐
あすなろ賛歌　漫画『まんが道』
発明と発見　映画『ワイルド・スタイル』
イイ男　横山剣
少年は世界に歌った　モータウン
自分のやり方　URC
つべこべ言わず、とにかくやれ！　デリック・メイ
砂の城　ロバート・アルトマン
永遠の白昼夢　ソニック・ユース

毎日のドラマ　向田邦子

向田邦子は文が上手い。そして面白い。その面白さの質が、また、これ見よがしに受け狙いの大仰なものではなく、地に足のついた、じんわりとした可笑しさ、何かの本質をそっと撫でるようなものなのだから、また堪らない。私は、聡明な女性の、その抑制された情念に、恐れ戦きながらも、ページをめくる手を止めることが出来ない。

小説、随筆、ドラマの脚本、どの分野でも描かれるものは一貫している。分かりやすく派手な、車が追いかけっこをしたり、人々が撃ち合って戦ったり、感情を露わにして走ったりしない、日常の小さな小さなドラマ。その見逃しそうな心の機微を丁寧に掬い取り、それを鮮やかな手腕で描写する。私達読者は、まるで見たかのように、ありありとその情景を、空気感を、頭に描くことになるのだ。

子供時代のエピソード、戦前、戦中の暮らし、学校のこと、食べ物のこと、昭和初期の日本家庭の生活を書き綴った随筆集『父の詫び状』での、鋭い視点と、驚異的な観察力。直木賞受賞作の「花の名前」「犬小屋」「かわうそ」を収録した初の小説集『思い出トランプ』では、それぞれの人間の、それぞれの日常のドラマを、冷徹なディテールの集積で浮かび上がらせる。そこには、通常の分かりやすいドラマツルギーからは切り落とされる、都会的なはにかみや、曖昧さ、人の狡さ、滑稽さ、多面性が、しっかりと息づいている。善と悪が駒のように動いて形成されるわけではない、この世界に対する誠実な描写であり、生活人としての謙虚な姿勢、そしてテレビ・ドラマ『時間ですよ』『寺内貫太郎一家』等をヒットさせた、人気脚本家だからこそ掴み取れた、仔細なドラマ。一流のドラマだ。

そして通奏低音のようについて回る死の気配。生活の先には否応なく死は訪れるのだから、当然のことなのだが。安定、幸せ、その表裏一体で見え隠れする、綻び。時にその糸は、解れて絡まり、切れそうになるが、やはり踏みとどまったり、切れてしまったり、その気配だけが付き纏っている。どうでも良いことは覚えているのに、肝心なことは驚くほど淡々とあっけなく過ぎていってしまう。そんな毎日のドラマ性とアンチ・ドラマ性。

頑なさも感じさせるが、同時にしなやかさも感じさせる、その筆さばきで綴られた色とりどりの思い出のトランプ。様々な出来事や、過ぎて行った日々。繋がる、点と点、線と線。

ある暑い夏の日に捲られた一枚のトランプ。何かの予感。顔色を変えずに、そっと手元に引き寄せるが、体から汗がドッと噴き出すのを感じる。神経が指先に集中する。いつもと同じ日常と、ふいに現れる非日常。直木賞受賞の翌年、一九八一年、飛行機墜落事故により五一歳で帰らぬ人となった向田邦子は、まだ捲っていなかったトランプの中に忘れ物を探しに行ってしまったのかもしれない。

記憶の残響　こだま和文

こだま和文は、一九五五年福井県生まれのトランペッター、画家、文筆家だ。こだまが参加していたバンド「ミュート・ビート」は、ダブ・エンジニアもメンバーに含まれるという斬新な編成で、日本初のダブ・バンドとして黎明期の東京クラブ・シーンで活躍し、ある一つの、日本のレゲエというスタイル、スタンスを作り、道を切り開いた。

ミュート・ビートと言う名前を体現した、抑制されながらも強靭なグルーヴを持った、そのバンドを、漫画家の岡崎京子は、『東京ガールズブラボー』の中で、「こだまさんのトランペットは悪い血を流すためのナイフのようだったよ」と評した。『LOVERS ROCK』というタイトルのアルバム・ジャケットに、蒸気を噴き出す原子力発電所の写真を使うというステイトメントのセンス、静かな躍動。

こだま和文の歩み、ミュート・ビート、そしてチエコ・ビューティーやフィッシュマンズなどのプロデュース作、その後のソロ作などで、一貫して感じさせるムード、美意識は、慎ましくひそやかで牧歌的な豊かさだ。隙間の美学と言う面は、ダブの真髄だが、より根本的な価値観としての非装飾主義を感じさせる。それは、ジャマイカの太陽、躍動感とも、イギリスのオルタナティブな音楽的な実験とも違うもので、そこからの安易な連想として浮かぶのは、やはり日本的な情緒、情念、そして侘しさ。

その侘しさ、儚さという感覚は、二管編成のアンサンブルだったミュート・ビートから、ソロでの、打ち込みのバック・トラックにトランペットという、更に削ぎ落とした形態に移行し、より色濃くなった。力強い鼓動から、繊細に響き空気を震わせる振動への推移。無常感を抱かせるミニマルにループするビートの上を、トランペットの単音がどこまでもシンプルなメロディーで泳ぐ。そして、ダブ・エフェクトは、ないはずの所に新たな残響を作り、空間を着色する。

1から10まで全部説明がされていて、頭の中を全部預ければ良い、映画や、小説、音楽の方が分かりやすくて、支持を集めるのかもしれない。勿論、物事の好みは人それぞれだ。しかし、不必要に思える、どうということのない映画のワンシーン、ちょっとしたエッセイの場面、音楽が喚起する感情、そんな隙間が作り上げる余韻や飛躍、それらもまた確かに、豊かな創作物の醍醐味だ。

無限の想像力のスイッチ、日常からのちょっとした道草、思い出の連鎖。それは例えば、学生時代のこと。随分長いこと会っていない友達。実家の近所の道。昨日、話した、くだらない話の中で妙に心に残った言葉。明日の約束。エトセトラ、エトセトラ。残響、響くエコー、広がるリバーブ。フィード・バック。バック。バック。バック……。

ミスター・シティボーイ　ムッシュかまやつ　其の壱

文化的かつ、生粋のシティボーイと言えば、それはもう、ムッシュかまやつ、その人だろう。この場合の、シティボーイのシティたる所以は、居住場所だけの話ではなく、都市生活者としての身のこなし、野暮ったくなくて、スノッブで粋、物事の意味を、匙加減をちゃんと分かっている、重んじていると いう所だろうか。

しかし、ムッシュのことを考えるということは、二〇世紀の東京の文化を考えるということと、多くの重複を生む。カントリー&ウェスタン、ロカビリー、そしてスパイダース、飯倉のキャンティ、ボサノバ、フォーク、ロックンロール。ユーモラスに飄々と軽々と、そして時に少し偽悪的にも見えるその佇まい。その足跡と、都市のざわめき。

一人多重録音で作り上げられ、一九七〇年に発表されたSSW的なソロ・アルバム『ムッシュー／かまやつひろしの世界』に収録された、不慮の事故死を遂げた親友のレーシング・ドライバーの福澤幸雄に捧げた名曲「ソー・ロング・サチオ」は、二一世紀になり、小西康陽氏プロデュースのアルバム『我が名はムッシュ』の中で、「ソー・ロング20世紀」として二〇世紀文化のレクイエムへと転化した。そこでは、ムッシュが認めた二〇世紀文化の記号が読み上げられる。パンアメリカン・エアライン、ハモンドのB3、ボリス・ヴィアン、ムゲン、エトセトラ。

「ゴロワーズを吸ったことがあるかい」という曲は、一九七五年にヒット・シングルとなった「我が良き友よ」のレコードB面に収録された曲で、米国のソウル・バンド「タワー・オブ・パワー」が参加した、洒落たファンキーなナンバーだ。DJカルチャー、レア・グルーヴ的な価値観が浸透した一九九〇年代以降に、再発掘され、今では代表曲のひとつとなっている。

語りと歌を行ったり来たりするような気障な語り口で「ゴロワーズというタバコを吸ったことがあるかい」、「短くなる迄すわなけりゃダメだ」と、ムッシュが私達に作法を伝授する。ジャン・ギャバンになりきってゴロワーズを吸えば、まるでフランスに居るような気分だよ、と。

そう、ここまでは、ちょっとコミカルな雰囲気も感じさせる曲なのだが、3番の歌詞になって、そのおどけたトーンが一転し、ムッシュの哲学が語られる。1番2番と同じパターンの歌詞がそのまま3番にあっても問題なく成立するこの曲の、前半は前振りで、ここからが大事な部分だよと、さりげなく、そして力強く託された、文化賛歌、人生哲学。

「君はたとえそれがすごく小さな事でも　何かにこったり狂ったりした事があるかい　たとえばそれがミック・ジャガーでも　アンティックの時計でも　どこかの安い　バーボンのウィスキーでも　そうさなにかにこらなくてはダメだ　狂ったようにこればこるほど　君は一人の人間としてしあわせな道を歩いているだろう」

何かに凝ったり狂ったり　ムッシュかまやつ　其の弐

ムッシュ氏とは一度だけお会いしたことがある。数年前の冬、寒い時期だった。六本木の外れ、飯倉に程近いパブ。少し酔っていらっしゃったが、イメージとブレのない、ジェントルでスマートな佇まい。だけど、気難しくない茶目っ気、遊び心を感じさせる所作。不思議と緊張はしなかった。ムッシュ氏は、どこの馬の骨か分からない私にも、当たり前のようにフラットに接してくれる。きっと、何十年も前から、そうやってきたのだろう、自然な寛容性。

ロック・スターが乱痴気騒ぎを繰り広げていたという、お気に入りのロンドンのホテルの話。「ぶっつけ本番でやったんだよ」と言う、浅川マキさんとのジャズ・クラブでのセッション。どれも、文化の歴史の教科書を読んでいるかのような話なのに、どういうわけか、詳細は思い出せない。ムッシュ氏の話は、これ見よがしな所がなく、あまりにもさり気なく語られていく。だけど一つ、あまりにもムッシュ氏らしいエピソードだけは、グッと心の奥に刻まれた。勝手に書いてしまう、非礼をお許しいただきたい。

何処からたどり着いたのか、話は「築地」に。いわく「築地で並んで寿司とか食べてる奴はダサいよね」。市場で働いている人は魚は食べ飽きているから、それ以外のものを好むのだという。「だから、市場の定食屋は美味しいんだよ。寿司屋に並んでいる人たちを眺めながら、空いている定食屋でカツ丼を食べるんだよ。美味しいよ」。ああ、流石ムッシュ。

話を前回の続き、「ゴロワーズを吸ったことがあるかい」に戻そう。さり気なく、全ての核心をついているかのような3番の歌詞には前回で触れたが、話はそう簡単には終わらない。この曲の続き、4番の歌詞は、そこからまた飛躍するのだ。3番で終わっていても十分ヒネリの効いた曲構成なのだが、4番で、ある意味それまでの展開に冷や水を被せ、そして、おそらく意図的に、投げっぱなした状態でこの曲は終わる。

「君はある時何を見ても何をやっても　何事にもかんげきしなくなった自分に　気が付くだろう　そうさ君はムダに年をとりすぎたのさ　できる事なら一生　赤ん坊でいたかったと思うだろう　そうさすべてのものがめずらしく　何を見ても何をやってもうれしいのさ　そんなふうな赤ん坊を君はうらやましく思うだろう」

ムッシュは、都市の喧騒を描くと同時に、その喧騒の裏側に見え隠れする、儚さ、無常さを描いていたように思う。本人の作詞ではないのだが、「やつらの足音のバラード」で歌われた、「なんにもない　なんにもない　まったく　なんにもない」というフレーズ。暗い宇宙に星が生まれ、大地に草が生え、イグアノドンが栄えても、ただ雲が流れるだけ。ただ、風が吹くだけ。だが、きっと、4番は3番に、3番は4番へと循環する。なんてことないことさ。だからこそ、何かに凝ったり狂ったりすることは尊く美しい。

あすなろ賛歌　漫画『まんが道』

私の好きな漫画、第一位は、何十年にもわたって不動で、藤子不二雄Ⓐ『まんが道』である。何度読み返しても、その読み返したときの年齢ごとの見方が出来るし、また別の面白みを感じることも出来る。

続編であり、『まんが道』よりも少しだけ大人の世界も描く『愛…しりそめし頃に…』。そして、他者の手助けによる自己実現の達成を題材としながら、相方、藤子・F・不二雄『ドラえもん』と表裏一体、対になるかのように、悲惨なエンディングを迎える『笑ゥせぇるすまん』。私は、藤子不二雄Ⓐの漫画から人生の全てを学んだと言っても過言ではない。

戦時中の疎開先での、少年達の人間模様を描いた『少年時代』、苛められっ子の壮絶な復讐劇『魔太郎がくる!!』など、藤子不二雄Ⓐの漫画は、弱者の視点、そして何処かシニカルな視点を感じさせる作品が多い。『まんが道』も同様に、背も小さく、体の弱い、内気で絵を描くのが好きだった少年「満賀道雄」と、後に同志となり「満才茂道」と言うタッグ・チームを組むこととなる、同じく絵を描くのが好きな少年「才野茂」の物語、自伝的な青春群像漫画だ。

支えあい、時にすれ違いながら、成長し、プロの漫画家となるものの、そこには、様々な紆余曲折があり、また、その道の途中、トキワ荘で出会った多くの仲間達とのエピソードも、ふんだんに描かれる。美味しいものを食べたときに、満賀が満面の笑みで発する「ンマーイ！」という奇声、吸えないタバコを吸ったときの「ゲホーッ、ゲホ！　ゲホ！　ゲホ！　ゲホーッ」という大袈裟で情けないむせ方など、単純に面白可笑しい、コミカルで漫画らしいシーンも魅力的だ。何度か掲載誌を変えながらも、四三年間の長期にわたり連載された漫画であり、その中で描写される、その時代ごとの生活の遍歴、大衆文化の移り変わりも興味深い。

大袈裟と思われるかもしれないが、『まんが道』は、漫画家のみならず、全ての物作りに携わる人、また志す人、そして、今日より少しでも良い明日を模索する全ての人にとってのバイブルと言って良いのではないだろうか？　頑張っても上手くいかないことも多いかもしれない。そう簡単に全てが、漫画のように上手くいくわけではない。だが、上手くいくと思って頑張らないことには、上手くいきようがないのだ。私利私欲のためでも　己の名声のためでもなく、自分の歩む道を、ただ懸命に、誠実に、コツコツと、歩き続けることの尊さ。それは、地味で、時間のかかる、根気の要ることだ。果てしなく長い一本の道を前に、手塚治虫の背中を眺め、勇気づけられる満賀と才野のように、私達はこの『まんが道』を読んで勇気づけられる。きっと、これからも、何度も、何度も。

「なろう！　なろう！　あすなろう！　明日は檜になろう！」

発明と発見　映画『ワイルド・スタイル』

私がヒップホップ・カルチャーの中で、一番惹かれるポイントは、発明と発見の文化、そして持たざる者の文化、行動を触発する文化だという所だろうか。

音楽再生装置を楽器に変えるという斬新な発想、コロンブスの卵的な発見は、現代音楽の作曲家が、研究室で見つけ出したのではなく、あくまで、身内の楽しみとして、コミュニティ・パーティーの中で、その場にある、自分達が出来ることの中で、新しい楽しみ方を工夫する中で編み出されたという所がまた、偉大であり、感動的だ。

音楽を記録したレコードを、再び別の形で作り変えるという方法は、二〇世紀を象徴した発想であり、アンディ・ウォーホルの作品や、コラージュ的な方法論も連想させる。そして、その、音楽なのかすらも疑われるような、痛快で出鱈目な〝遊び方〟は、その後のポップ・ミュージックにとって重要な新しい扉を無理やりに開いてしまった。

ウルトラCの非音楽であり、斬新な音楽、既存の西洋音楽や技術志向へのアンチという意味では、パンク・ミュージック、ニュー・ウェーブ・ミュージックとも近似性があった。

一九八三年に公開され、ラップ、DJ、グラフィティ、ブレイク・ダンスというヒップホップの四大要素を世界中に紹介した映画『ワイルド・スタイル』では、一九八一年リリースの「ラプチャー」で、いち早くラップを取り入れた、パンク経由のニュー・ウェーブ・バンド「ブロンディ」のギタリスト、クリス・スタインがサウンド・トラックの制作を担当している。今、聴き返すと、所謂ブラック・ミュージック的に洗練されたグルーヴではない、どこか歪でニュー・ウェーブ的、猥雑で軽薄な印象を与えるその音は、産声を上げたばかりの〝ヒップホップ〟が内包していた、ポップ・アート性、革新性、その熱気を上手く表現しているように思える。

既存のレコードを素材としたＤＪ、そして作曲で、より面白い表現をするためには、人と違う、誰も知らないレコードを探す必要があった。その、掘り起こした古いものから、新しいオリジナルなものを作り出す。そこで必要なのは、アイデアとセンスだ。どこかの店に行けば買える何か、学校で学べば分かる何か、誰かがやっていた何か、ではなく、どこにも売っていない、アイデアとセンス。それは、楽器も買えない貧しい若者を、飛びつかせるには十分な、ある意味では、勘違いによって誰でも「自分もやれる」と思えるハードルである。そして、その初期衝動を誘発するマジックは、何十年たっても、今なお、世界中にインフルエンスし続けている。

何かを持っていなくても、世界に、その小さな声を届けることが出来る、その切っ掛け。新しい何かを探しに行くこと、世界の見方を変えること。あなた次第で世界はいくらでも形を変えるということ。準備は出来たか？　声を聞かせてくれ。セイ、イエー！

イイ男　横山剣

男が惚れる男、粋でいなせで、クールで熱くて、ちょっとお茶目、となればそれは、クレイジーケンバンドの横山剣、その人です。しっかりとカッコつけて、カッコついてる、車や服や、言葉の選び方まで、拘りの趣味人。かつ、文武両道的な逞しさ。切手を何千枚集めようと、崖を登れなければ有事では何の役にもたちません。レアなレコードを沢山持っていても、倒れたナナハンは起き上がりません。

剣さんの最初のお父さんは会社を経営する実業家で青山に住んでいたそうです。曲のテーマとして何度となく取り上げられる、一九六〇年代のヒップな東京の原風景。そして、育った横浜の、バタ臭く、とっぽいフィーリング。ディスコに喧嘩をしに行っていたという不良だった一〇代。この両面をバッチリ押さえている、カッコ良い男など、なかなか居るものではないでしょう。それでいて、どこかシャイで茶目っ気があるのです。コラム集『クレイジーケンの夜のエアポケット』によると、中学生の時に好きな女の子とデートして、三時間、一言も話さなかったそうです！　何を話してよいか分からなくて！　う〜ん、こんなところもポイントが高いですね。ずる賢い、せこい男はダサいですからね。まあ、話したほうが良いとは思いますが……。

ロックン・ロールのクールスRC、ソウルフルなZAZOUなど、様々なバンド、紆余曲折を経て結成されたクレイジーケンバンドは、当初色濃かった昭和歌謡を隠れ蓑に、華麗なポップスやファンク、ラテンにヒップホップ、勿論、ロックン・ロールにソウルと、全ての音楽形式を網羅する勢いで、ごった煮のスタイルであります。それも、ひとえに剣さん、そしてクレイジーケンバンドの、音楽的体力、音楽愛、そして、どんな衣を纏おうともブレることのない、剣さんの、酸いも甘いも噛み分けた、大人の余裕、その世界観があってこそでしょう。

そして基本的なこととして、その歌唱力、メロディー・メイカーとしての閃き。さらに凄いのはその体力ではないでしょうか？　剣さんの敬愛する特殊漫画家の根本敬氏の漫画から無理やり引用するならば「でもやるんだよ」という感じで、その底なしの引き出しからあふれ出すアイデア。悩んでる時間なんかもったいない！　一九九八年のファースト・アルバムから二〇一四年の最新作まで、一七年間で一五枚のアルバムを出しています。しかも、毎回、曲数多いですからね。二〇曲くらいありますから。これは、本当に凄いです。絶倫です！

また、曲の内容自体も本牧の伝説の店だったり、アジアの都市だったり、アメリカの旧車だったりと、原液濃縮、趣味人の世界を舞台に、男と女の、甘く切ない恋の物語が描かれていたりするわけで、たまりません。

もう、剣さんみたいな男になるのは容易じゃないんで、女に生まれ変わったら、剣さんみたいな男とアバンチュールを……イイネ！　じゃ、ないか。

少年は世界に歌った　モータウン

「インディペンデント」とはどういうことなんだろうか？　言葉のそのままの意味は、「独立した」「自主の」「他に頼らない」などである。

二〇世紀で一番野心的、かつ実際に成功を手にし、また歴史に残る曲を多数産み出したアメリカ・デトロイト発祥のインディー・レーベル「モータウン」。ミュージシャンとして活動していたベリー・ゴーディ・ジュニアが、一九五九年に、「黒人向けのR&Bではなく、白人層にも自分たちの音楽の良さを理解して欲しい」という思いで、銀行から六〇〇ドルを借金しレーベルを設立する。ソウル・ミュージックやブラック・ミュージックを中心に、スモーキー・ロビンソン&ザ・ミラクルズ、シュープリームス、アイズレー・ブラザーズ、スティーヴィー・ワンダー、マーヴィン・ゲイ、ジャクソン5、といったスターを次々発掘し、大型レーベルへと成長していく。ファミリー企業のインディペンデント・レーベルを、一〇年で大企業にしたという意味で、ゴーディはアメリカン・ドリームの体現者であり、黒人としてそれをやり遂げたことは、当時、画期的だった。

録音当時一〇歳だった少年が、「君に伝えたいことがあるんだ」と歌い始める。甘酸っぱく切ない声で、「もう一度チャンスをちょうだい」と悲痛な叫びを発する。それを支えるのは、生命の躍動のように、軽やかに伸びやかに音を響かせるギターやベース。そして、空に飛び上がって行くかのように、音符がスキップしているかのように、流麗に歌に寄り添うストリングス。別離という悲しい題材を扱いながらも、そこから感じさせるのは、人生の悲喜交々、時の不可逆性、逆説的な生の尊さ、美しさ。ピアノのグリッサンド、そして、鋭く切り込むギターのカッティング、イントロの一秒で世界をモノクロから総天然色へと塗り替えるかのような、ポップスのマジック。「帰ってほしいの」という邦題でも知られる名曲「I Want You Back」は、一九六九年にモータウンからリリースされた。ちなみに、同じく二〇世紀の名曲の一つ、ザ・ロネッツの「Be My Baby」も、フィル・スペクターの独立レーベル「フィレス・レコード」からリリースされている。

そこからは、インディーとは、インディー・ロックや、インディー・ソウルといった決まった形の音楽のジャンルなわけでも、消費されてしまうようなファッションなわけでも、まして内輪のサークル活動、つまり表面的なスタイルではなく、スタンス（思想）だという当たり前のことから、さらに、そのインディーの枠を決めているのも自分だということが分かる。小さいこと、既存の大きなやり方から外れることが、イコールでインディーなのではなく、大切なのは、自分の頭で考えたことを、自分のやり方でやるということ。そして、それはいくらでも広がっていく可能性があるということだ。

自分のやり方　URC

前回に引き続き〝独立する〟ということの話を。大きなシステムから零れ落ちるもの、掬いきれないもの、商業的に成功が見込めないもの、つまりメジャーではない表現は、大袈裟に言うと、生き方は、意味のない、必要のないものなのだろうか？

第二次世界大戦中にドイツ軍の激しい空襲を受けたロンドンで、終戦後の一九四五年に、破壊された街を自分達の手で復興させる国民運動が始まり、スローガンとして「Do it yourself」＝「D.I.Y.」というスローガンがうまれたという。前回書いたモータウン以外にも、歴史の中で沢山のレーベルが、自分達でやるしかなかったという理由で産声を上げている。

日本で最初のインディーズ・レーベルとも言われるのが、アングラ・レコード・クラブ、通称「URC」だ。通信販売のみの会員制という形でスタートしたURCは、遠藤賢司、岡林信康、加川良、高田渡、友部正人、はっぴいえんどなどの、スタイルとしてはフォークを中心とした、歴史に刻まれるに値する数多くの作品をリリースした。その多くは、意図的に洗練されておらず、生々しく挑戦的で、時代の熱い息吹を感じさせる切実な表現だ。そして、それは、手作りで既製品にはない魅力を持った、マーケティングや会議室からは生まれてこない、当たり障りがあるものである。

あまりにも普遍的で鋭く、捻りの効いた、加川良の「教訓1」という曲の歌詞を少し引用してみよう。「命はひとつ 人生は一回 だから 命を すてないようにネ あわてると つい フラフラと 御国のためなのと 言われるとネ 青くなって しりごみなさい にげなさい かくれなさい（中略）命をすてて 男になれと 言われた時には ふるえましょうヨネ そうよ 私しゃ 女で結構 女のくさったので かまいませんよ 青くなって しりごみなさい　にげなさい かくれなさい」

江戸時代には、ほとんどの町人は自営業者だったという。実は、こうしなければならないという枠は、その時代ごとの社会の仕組みの中で、外圧により自分が勝手に作り出した幻想だ。根源的には、自分のしっくり来る形で、自分なりの生き方をすれば良い。しかし、自分のことを自分でやるということは、逆に言えば、自分がやらなければ、誰もやってくれないということであり、自分で好きに出来るということは、自分で責任を取らなければならないということである。

勿論、大きな組織でなければ出来ないことや、尊重するべき、人々の叡智が作り上げた仕組みも沢山ある。だからこそ、基本としての自立性、頭の中身まで明け渡してはいけない。どんな場所で、どんな仕組みの中で、何をやろうとも、大切なのは自分の尺度、基準を持ち、自分のモノの見方で判断をするということだ。独りで立っている人は、それだけで尊く美しい。

つべこべ言わず、とにかくやれ！ デリック・メイ

削除されてしまっているのか、どうしても探し出せず、今、見ることが出来ないのだが、ずっと心に残っている映像がある。そこに映っていたのはデリック・メイという人物。デトロイト・テクノのオリジネイター、作曲家であり現在はＤＪだ。私が一番好きなＤＪでもある。そのＤＪは、強烈な躍動感と音のうねりを持ち、生と性を感じさせる。つまり、ターンテーブルにミキサー、シンセサイザーやドラム・マシーンといった機材にソウルを込めることが出来る魔法使い。

デリックは、ダンス・ミュージックとしての「テクノ」というジャンル自体の黎明期、デトロイトという街から、自分のやり方、〝インディペンデント〟なやり方で、自分の音を世界中に届けた。一九八七年に「トランスマット」という自主レーベルからリリースされた、レーベル面の文字表記だけでジャケットすらない12インチ・シングルのダンス・レコード「ストリングス・オブ・ライフ」は、一九八〇年代末イギリスからヨーロッパ全土に広がった、セカンド・サマー・オブ・ラブというカウンター・カルチャー的なダンス・ミュージックのムーブメントの中で、最もダンサーに求められる曲の一つ、つまりアンセムになった。現在でも、美し

く切ない、そして儚いその旋律、あまりにも素朴で剥き出しな音像、イノセントな魅力は色あせることがない。

後にヨーロッパの大きなレーベルと契約し、アルバムをリリースする計画が立てられるが、デトロイトの同胞、ケビン・サンダーソンのユニット「インナー・シティ」の商業的な成功にならい、ソウルフルな女性ボーカルとのコンビを求められるなど、創造性よりも商業性を優先するメジャーのやり方と馬が合わず、そのリリースは取りやめとなっている。それから二〇年以上、デリックは未発表曲以外の新曲を発表していない。音楽を作るのをやめてしまったのだ。

話を戻そう。YouTubeで見た、昔のテクノのドキュメントか何かの動画だ。椅子に座ったデリックに対し、インタビュアーが尋ねる。「これから音楽で頑張りたいと思っている若者に何かメッセージを」。インタビュアーがある種のお決まりとして、締りが良いようにと最後のメッセージとして振ったその問いかけに、デリックはクッと目を見開き、カメラを睨み付け、はっきりと力強い声で話す。うろ覚えなのだが、記憶に残る印象としては、軽く怒鳴るという感じだった。「DO IT!」、「JUST DO IT!」。日本語翻訳のテロップは確か「つべこべ言わず、とにかくやれ！」だったと思う。意外かつ強烈な反応に、空気が止まった画面の中の一室。デリックはカメラをグッと睨んだまま。これには痺れた。今でも頻繁に思い出す。

そういうことだ。自分のやり方で、自分の体で、自分に出来ることを、つべこべ言わず、とにかくやれ！

砂の城　ロバート・アルトマン

ロバート・アルトマンは「アメリカ・インディペンデント映画の父」とも評される映画監督である。嘘八百で映画の世界に潜り込み、撮影から編集までをすべて現場で学んだという。初の長編映画を撮った一九五七年から、亡くなった二〇〇六年までの間に、ほぼ年一本のペースで、自分が作りたい映画だけを撮り続け、戦争からファッション、西部劇からSFまでの幅広いジャンルの映画を、しかし、どれもアルトマンらしい、ユーモアと反骨心で描いた。

一九七〇年に、朝鮮戦争を扱ったブラック・コメディ『M★A★S★H マッシュ』が第二三回カンヌ国際映画祭でグランプリを受賞。何処か、とぼけていながらハードボイルドな私立探偵が魅力的な、レイモンド・チャンドラー原作の『ロング・グッドバイ』は、松田優作をインスパイアし、『探偵物語』が生まれた。レイモンド・カーヴァーの作品を元に、ロサンゼルスに住む二二人の登場人物の群像劇となっている一九九三年製作の『ショート・カッツ』は、何かの前兆を暗示するかのようにヘリコプターが延々と旋回するオープニングから、大地震で終わるまでの間、様々な人々の暮らしのワンシーンが目まぐるしく交差する。どの映画も、難解さに溺れるわけでも、移り気な大衆の好みに迎合するわけでもなく、アルトマンならではの魅力を持った映画で、それは数々の、後進の監督や俳優にも愛された。

この一〇月から日本でも公開されているドキュメンタリー映画『ロバート・アルトマン ハリウッドに最も嫌われ、そして愛された男』は、センチメンタルなジャズ・ボーカル曲をバックに砂浜が映されるシーンから始まる。「映画は砂の城と同じだ。大きな城を作るぞと言って仲間とやっと完成させる。だが、やがて波が来て城をきれいに運び去る。それでも、その砂の城はみなの胸に残るんだ」。これはアカデミー賞名誉賞授賞式のスピーチでも語られた、アルトマンが何度も繰り返し用いたという、映画を評したフレーズだ。気だるい女性ボーカルは「Let's Begin Again」と、何度も繰り返す。さあ、また、もう一度、やってみましょう。

それは、映画だけでなく、生命の、家族の、文化の、都市のことと同じ、つまり人生と同じことだ。それが、砂のお城だとしても、それを作ろうとする意思を止めた細胞は、時間は、一体何処に行くのだろうか？　何度も何度も、幾千万回も、作っては流された、砂のお城の跡に、また新しい砂のお城を作らなければならない。その、あなたが、私が、精一杯に頑張って作った砂のお城も、いずれ、また、波に流されていく。いとも容易く流されていく。しかし、それを続けていくこと、繋げていくこと、そのサイクルを守るということ、それだけが勤めなのだ。何度でも何度でも、始めなければならない。

永遠の白昼夢　ソニック・ユース

　ソニック・ユースは、一九八一年の結成から、事実上の解散状態となる二〇一一年までの間に、メジャーとインディーを行き来しつつ、二〇枚近いオリジナル・アルバムを作ったニューヨークのバンドである。ポスト・パンク的な、ノイジーでアバンギャルドな楽曲から、美しくわびさびを感じさせる楽曲まで、音楽的には変化し続けたが、どの年代でも、一貫した美意識と佇まいを維持し続けた。大きなセールスを記録したヒット曲はないが、自分達のやり方で、着実に根強い支持者を増やし、そして、それを長きにわたって持続したというのは、理想的な創作活動といえるだろう。そのスタンスは、同時代の、そして後続のミュージシャンにとって、大きな指針となり支持を集めている。野心的、挑戦的でありながらインテリジェント。つまり、洞察力と批評精神、安易な叙情には流されないクールネス、そして、しっかりと地に足をつけた、逞しさがあった。

　また、ソニック・ユースの事を取り上げる上で外すことが出来ないのは、その秀逸なアートワークだ。一九八八年に発表した通算第六作目となる、二枚組の大作『DAY DREAM NATION』では、ドイツ人画家のゲルハルト・リヒターによる、蝋燭の絵を使用。メジャーレーベルからの一作目となった一九九〇年発表『GOO』での、レイモンド・ペティボンによる洒脱なイラストは、未だに頻繁に、パロディ、オマージュの対象となっている。一九九二年発表作『DIRTY』は、現代美術家のマイク・ケリーによる、ぬいぐるみ。二〇〇〇年発表作『NYC Ghosts & Flowers』では、反権力思想の先輩格、ビート文学作家のウィリアム・S・バロウズの作品を使用。その、どれもがあまりにも印象的で、絶妙に最高に素晴らしい。装丁と内容との化学反応により、魅力を増幅させる術に長けており、また、そのセンスが、より自分達の出自と美意識を伝える手段として有効に機能していた。

音楽的な特徴、魅力といえば、なんといってもギターのノイズだ。メンバーのギタリスト三人による、大フィードバック大会はライブのハイライトである。二〇世紀の前半に発明されたエレクトリック・ギターは、一九六〇年代後半に、ジミ・ヘンドリックスによるファズ・エフェクトを用いた演奏によって、ノイズの快楽を発明した。ロックの根源ともいえる、歪み、ノイズの混沌とした陶酔感は、その後も多種多様な、応用、実験で、進化を遂げているが、ソニック・ユースは、そのサイケデリックな耽美と、パンク的で直線的な疾走感、キャッチーな楽曲との融合、また、対比へと押し進めた。増幅された電気ギターが、都市の中で、資本主義の、合理主義の裂け目で悲鳴をあげる。そして、その不協和音は、永遠の白昼夢を生み出す。

2016

バカにしか見えないもの　赤塚不二夫　其の壱
一番地面に近いところ　赤塚不二夫　其の弐
始まりも終わりもなく　ブライアン・イーノ
カリブの小島の魔法　レゲエ・ミュージック
混交と変容　ダブ・ミュージック
ポケットの中の二五ドル　キング・タビー
新しい心　ニューエイジ・ミュージック
どこかへ　ヤソス
夢の人　アントニオ猪木
狂っているのは誰だ？　ジョン・ウォーターズ　其の壱
曲者達の夢の跡　ジョン・ウォーターズ　其の弐
二〇世紀の夏にキスをした永遠の少年　あがた森魚

バカにしか見えないもの　赤塚不二夫　其の壱

　赤塚不二夫が描いた漫画によって、私は初めて「オルタナティヴ」という観念に触れたように思う。勿論、小学生だった私がオルタナティヴということを理解していたわけではないので、今思えばということだが。ハチャメチャなパパ。「バカボン」の名の通りちょっと馬鹿な息子。その弟、ハジメちゃんは、何故か超秀才で利発。で、ママはしっかり屋さん。そんなおかしな家族を軸とした、シュールで破壊的なギャグ漫画『天才バカボン』。

　しかし、そのナンセンスの裏側には、つねに既成の観念に対する疑い、挑戦があった。赤塚氏いわく「バカにしか見えないことがある」、ということだ。無職で（アニメでは植木屋さんという設定）、子供のように遊びまわり、悪さをするバカボンのパパは、一見、ワガママに描かれているが、実は誰よりも全てを分かっている。そして、誰よりも自由で、誰よりも楽しそうである。

　詳細は、うろ覚えなのだが、もの凄く印象的だった回がある。ママが愛読している、ある小説家がいる。その小説家は、女性受けする甘い作風の人気作家だ。どこからか、その小説家の住んでいる場所の情報を得たママは、サインをもらいに行く。「こんな素敵なストーリーを作る作家先生は、一体どんな素敵な人で、どんな素敵な場所に住んでいるのかしら」と、心をはずませて。しかし、ついてみると、その作家は小汚い禿げたオヤジで、しかも、ゴミ屋敷に住んでいる。「あらまあ、可哀相、忙しくて掃除する暇もないのね」と、ママが勝手に掃除をしてしまう。すると作家は「うんち、うんち、ぶりぶり」みたいな文しか書けなくなってしまうのだ。「汚い場所にいればいるほど、綺麗なストーリーが浮かんでくるけど、綺麗な場所にいると何も浮かんでこないよ」という人らしい。

また別の話。お金に困っている男がいる。パパが「そんなにお金が欲しいなら、良い所を知っているのだ」と病院に連れて行く。そこは闇病院で、臓器売買のようなことをやっている。パパが「足の薬指は、あんまり使ってないのだから、いらないのだ」と、男をけしかける。勿論、拒否する男。しかし、足の薬指だけを使って物を取ってみろと言われ、確かに足の薬指は自由に動かせないと納得した男は、背に腹は変えられず足の薬指を売ってしまう。次々に、これもこれもいらないと、パパの提案はエスカレートする。やけくそになった男は、どんどんと自分の体を売っていってしまう。お金に目がくらみ、途中からはむしろノリノリだ。この話は、小学生の自分にはとても怖かった。

そんな、インコース高めギリギリのナックルボールは、偽善や固定観念、思考停止をあぶりだす。荒唐無稽なドタバタ・ギャグとして子供たちを楽しませながらも、そのウルトラCの飛躍は、決められた価値観の外側にある、何か大切なものも描いていたのではないだろうか。

一番地面に近いところ　赤塚不二夫　其の弐

赤塚不二夫といえば、一九七〇年代以降の、山下洋輔、タモリなどとの交流も印象深い。赤瀬川原平らと結成した「全日本満足問題研究会」では、伊東市のホテル、ハトヤのステージでコンサートをするという設定の、架空のライブ盤『ライヴ・イン・ハトヤ』をリリースしている。「面白グループ」としては、宴会芸を見せるイベントや、山本晋也監督による映画なども製作。そこには、大の大人が本気でふざける、凄みがある。出鱈目をエネルギーに変えて、どこまで馬鹿になれるかを競い合うかのような、文化的な大人の遊び方。ただの悪ノリではない、知性と教養を土台にした、より巧妙な悪ノリだ。そのような阿吽の呼吸を踏まえた仲間と共に、出鱈目な世界を、もっと出鱈目に遊びつくそうという、享楽と、そして刹那。晩年は、お酒に溺れ、創作活動も滞り、入退院を繰り返した。それは、トキワ荘時代、シャイで口数の少ない美青年だったという赤塚青年が、自身の生みだしたハチャメチャなキャラクターたちとの、長く熾烈な共闘の末に、同化し、ミイラ取りがミイラになってしまった姿なのかもしれない。

そんな晩年の、あるドキュメンタリーの中で、赤塚不二夫は、「自分が最低だと思っていればいいの。みんなより一番劣ると思っていればいいんだよ。そしたらね、みんなの言ってることがちゃんと頭に入ってくる」と、語る。少し呂律が回らない口調で。一つの真理であり、作りあげた数々の漫画の中でも一貫していた、赤塚氏の世界に対するスタンス、視点だ。一番地面に近いところから見上げた空。木々や、ビル、行き交う人々、そのざわめき。それは、バカボンが、パパが、ママが、レレレのおじさんが、目玉のおまわりさんが、暴れまわる、シュールでクレイジーな世界なのだろうか？

『これでいいのだ 赤塚不二夫自叙伝』によれば、満州で育ち、第二次世界大戦の敗戦後、命からがら帰国。その後も、親類の家を転々とする厳しい暮らしを、逞しく生き抜いたという。思えば、赤塚不二夫の描く漫画には、孤児や、得体の知れない謎な人、といった、社会的に弱者とされるキャラクターが多い。

「これでいいのだ」は、安易な現状肯定ではなく、もっと根源的な、どんな逆境も逆境と解釈しない逞しさ、生命力の肯定、ではないだろうか。そして、それを難しい言葉でも、立派な言葉でもなく、ただただ単純に、「これでいいのだ」というフレーズに集約するバカボンのパパ。そして、それを描く赤塚不二夫の優しさ。天才も馬鹿も、貧乏人もお金持ちも、変なおじさんも、変な動物も、どんな職業でも、どんな国籍でも、もう「これでいいのだ」。そこには、優劣なんて存在しない。出鱈目で滑稽な各々が、ただ暮らし、生きる。がむしゃらに、必死に生きる。上手くいったり、失敗したり。そう、それでいいのだ。

始まりも終わりもなく　ブライアン・イーノ

　ブライアン・イーノはアート・スクール出身の音楽家、プロデューサー。自称ノン・ミュージシャン。そして、アンビエント・ミュージック（環境音楽）という音楽ジャンル、観念の、パイオニア、発明家である。

「ロキシー・ミュージック」というグラム・ロックのバンドで、お化粧をしてシンセサイザーを演奏していたイーノが、グループ脱退後に作ったいくつかのソロ・アルバムは、奇妙でユニークなものであったが、まだそのフォーマットとしてはロック・ミュージック、ポップ・ミュージックから大きく逸脱したものではなかった。

　一九七五年の一月、交通事故での入院中に、ほとんど聴こえない小さな音量でレコードを聴いていて、環境の一部と化す音楽＝「アンビエント」という定義を思いついたという。それは、ミュージシャンのエゴやメッセージが入る余地のない、部屋に飾ってある絵画のように環境に溶け込む音楽。ミュージシャン・シップ、西洋音楽の歴史へのアンチテーゼであり、ショー・ビジネス、キャラクター産業として肥大化した音楽業界に対する挑戦的な試みだ。

　一九七五年に発表された『Discreet Music』は、まだ模索的な印象があるものの、一九七八年に発表された、空港で流すための音楽集『Ambient 1: Music for Airports』は、アンビエントという観念の具体化として、一つの正解にすでにたどり着いてしまった金字塔的な傑作である。少しでもどこかに重心がずれると意味が変わってしまうような、ギリギリのバランスを保ち、雰囲気、印象だけを残しながら、中心となるべき実体は終始ぼやけたまま、始まりもなく、終わりもないかのように、延々と一定の調子で流れ続ける桃源郷のようなサウンド・スケープ。ピアノやコーラスを、ゲスト奏者が演奏し、そしてノン・ミュージシャンを自称するイーノは、スタジオを楽器として演奏しているかのような、今尚、色あせることのない画期的なサウンド・アプローチだ。LPレコードのジャケット裏面には、幾何学的な図形が描かれた楽譜のようなものが掲載されている。これを演奏できるものなら演奏してみろとでも言うかのように。

通常、音楽のジャンルとは、ロックン・ロールがロックに、そしてパンクに、と、連綿と繋がる歴史の中で多種多様な影響を受け、生み出されて行く。大抵の場合は、特定の誰かをはっきりと創始者として特定するのは困難である。「生活の中に溶け込む音楽」というコンセプトを持った、エリック・サティが作曲した「家具の音楽」、ジョン・ケージ、スティーヴ・ライヒといった、現代音楽〜ミニマル・ミュージックからの影響は窺えるものの、アンビエントという聴き方、またそのサウンド・テクスチャー、観念を、独力で発明、実践したイーノは、二〇世紀が生んだ偉大な発明家と言えるだろう。

カリブの小島の魔法　レゲエ・ミュージック

カリブ海に浮かぶ小さな島、ジャマイカは、秋田県とほぼ同じ大きさだ。人口は約二七〇万人。日本で比較すると、大阪「府」ではなく、大阪「市」と同じくらいの人数である。その小さな島は、レゲエは勿論、その原型となったロック・ステディ、スカといった多くの音楽を生み出した。そして、短距離走など、アスリートの世界でも優秀な選手を多数輩出しているという。

ジャマイカの音楽には昔から親しみ、その魔法のような創造力には畏敬の念を抱いているものの、行ったことはない。これからも行くことはないような気がする。ジャマイカの中で、音楽の熱気が渦巻いているような場所は、ひ弱な日本人がノコノコと観光に行くような、お気楽な所ではないであろうし、何より、魔法は魔法のまま、秘密には触れないでおいた方が良いのではないかと思っている。

そんな、近くて遠い国、ジャマイカのイメージ。山が多い国で、そこではコーヒー豆が採れて名産。海は綺麗で、赤道に近い熱帯。湿度感は、情報だけでは想像しにくいポイントだが、レゲエのレコードジャケットや、あのグルーヴから連想するに、きっと、ムワッと肌にまとわりつくような感じではないだろうか。そして、スペインやイギリスによる占領。アフリカとの奴隷貿易。自然に恵まれた美しい環境と、混乱した過酷な歴史とのアンビバレンスが、おおかでありながらも逞しく革新的な、ジャマイカのエネルギーの根底なのだろう。

一九五〇年代、感度の悪いラジオが受信した、アメリカの放送局が流すリズム・アンド・ブルース。それを、見よう見まねで真似たものが訛ってしまい、スカが誕生したという話がある。出来すぎた話だが、確かに、音楽の調性やテンポと、気候や環境とは、密接に結びついている部分も多い。誇張があるにせよ、後々、アメリカのブラック・ミュージックとは違うグルーヴ感を独自に進化させていくジャマイカの音楽の歴史を考えれば、あながち間違った話ではないのかもしれない。少なくとも、インフルエンスされた結果、世界中に飛び火する魅力を持った音楽を、事実作り出してしまった。ダンス・ミュージックとして、スウィートなグッド・タイム・ミュージックとして、そして、世の欺瞞、矛盾を糾弾する、戦う音楽として、アメリカやイギリスはもとより、アフリカやアジア、世界中の地域の、ジャズ、パンク、アイドル・ソングから実験音楽にいたる多種多様なジャンルに、影響をあたえたのだ。日本の、約三四分の一しか国土を持たない、歴史に翻弄され続けている、政府が多額の借金を抱え貧しい国が。

ジャマイカの音楽が偉大なのは、大衆音楽としての娯楽性も忘れないままに、型破りなところであろう。その最たるものは、レコーディング・エンジニアのキング・タビーが発明したとされるダブという、技法、ジャンルではないだろうか？

混交と変容　ダブ・ミュージック

ダブ発祥の前提としては、一九六〇年代の録音技術の進歩、マルチトラック・レコーダーの普及、そして、サウンド・システムと呼ばれる、移動式の野外ディスコの存在がある。

一九四〇年代に、ジャマイカの首都キングストンのゲットーで生まれたとされるサウンド・システムは、まだ各家庭にオーディオが備わっていなかった島民の娯楽の場であった。一九六〇年代にもなると、システムの数も増えたため、各システムごとに、ダブ・プレートという一点ものの特別なレコードを用意したり、曲を紹介するディージェイ（dee jay）の技術などで、他との差別化を図ろうとした。そのような状況の中で、メイン・ボーカルを抜いた「ヴァージョン」というカラオケ音源に乗せて、ディージェイがトースティングという話芸を披露し人気を博す。

ちなみに、ジャマイカの音楽文化では、音楽をかける人を「セレクター」と呼び、喋り担当が前述の「ディージェイ」なのだが、ジャマイカ出身のクール・ハークという「ＤＪ」が、一九六七年にニューヨークのブロンクスに移り住み、サウンド・システムをニューヨークに伝え、後にヒップホップというカルチャーへと形を変えると、その文化では、選曲担当者が「ＤＪ」、喋る役割は、マスター・オブ・セレモニーの略称として「ＭＣ」、楽曲性、ボーカリストとしての機能を強めてからは、リズミカルな喋り「ラップ」をする人、「ラッパー」と呼ばれるようになった。

サウンド・システムでのディージェイの役割には、アメリカから流れてきたラジオ放送の影響が大きいはずだ。選曲と、曲紹介などの喋りを同時に担当していたラジオ「DJ」が、長い年月をかけ、海を越えたカリブ海の島に影響を与え、ジャマイカの文化では話す人、里帰りしたアメリカでは曲をかける人と、分化してしまったのだ。専門化し、枝分かれしていっただけで、スクラッチのバトルDJも、ラッパーも、選曲よりもトークに重きをおくラジオ・パーソナリティも、元々は出自を同じとする職業なのである。エミネムと毒蝮三太夫も遠い親戚だ。

ラップの原型とも言われるジャマイカのトースティング。その源流には、ドラムのリズムに乗せて話す、グリオというアフリカの伝統伝達者の影響があるという。グリオは、歴史上の英雄、遠方の情報、各家の系譜、生活教訓などを人々に伝える者で、文字のなかった時代には、その役割は大きく、その知識量の豊富さから王の側近などに取り立てられるグリオもいたそうである。それは、もしかしたら、今現在、形を変え「ディージェイ」や「ラッパー」が司る役割と、重複する部分もあるのかもしれない。

様々なものを吸収し、そして異化してしまう、カリブの小島の魔法。創造性と生命力。文化の水流、摩擦、軋み、混交と変容。

ポケットの中の二五ドル　キング・タビー

キング・タビーは、一九四一年に、キングストンで生まれた。音楽が好きな電気技師だったタビーは、一九六〇年代に入ると、自らのサウンド・システム「ホームタウン・ハイファイ」の運営を始める。そして、タビーは、サウンド・システム用の歌なしのカラオケ「ヴァージョン」の製作中に、バラバラに録音された各楽器の音量を上げ下げしたり、響きを強調する「リバーブ」や、音を何度も繰り返す「エコー」という電気変調（エフェクト）を加えた。これが、今現在伝えられる有力なダブの発明の瞬間だ。

電気技師だったタビーにとっては、ちょっとしたお遊びだったのかもしれない、この特異な「ヴァージョン」は、サウンド・システムでのトースティングの（風変わりな）バックトラックとして、人々に熱狂的に受け入れられたという。元の演奏を無視して、電気変調させてしまう、その聴いたこともない変わった音楽を受け入れ楽しんでしまう、ジャマイカ人のおおらかさ、そして逞しさ。

元の演奏を素材として、また別のものを生み出すという意味で、「ダブ」は、リミックスや、リ・エディット、マッシュ・アップといった手法のルーツだといえる。また、サウンド・システムの大きなスピーカーで鳴らされるのを前提としていたダブは、強調されたベースラインの低音や、激しいハイハットの高音など、コード進行やメロディよりも、音の響き、音響効果を重要視した。それは、当時の既存の音楽構造と比べ、突飛で創造性に富んだものであり、その後の二〇世紀の、ハウスやテクノといったダンス・ミュージック、また現在のポップスにおいても、当たり前に取り入れられている感覚という意味で、先見の明があった。

そして、ダブにおいて興味深いのは、エフェクトやコラージュによって、何かが「足される」だけでなく、時として、元にあった演奏をカットしてしまうという、「引き算」の発想も内包していることだ。あるはずのものがなく、ないはずのものをエフェクトによって出現させてしまうダブという「発想」。全ての演奏をミュートすれば、音は何も鳴らない。全ての音にエフェクトをマックスでかければ、いずれ原形を留めないノイズになってしまう。無限の隙間に、無限の可能性。何をするのか、しないのか。

ダブを発明し、ジャマイカの音楽のみならず、多方面に多くの影響を与えたタビーだが、一九八〇年代以降も電気技師としての仕事を続けた。ミュージシャンとしての功名にはあまり興味がなく、あくまで裏方としてのスタジオ・ワークに拘った職人だったのだろうか。一九八九年二月六日、自宅ガレージの前で強盗に襲われ死亡。そのときに奪われたのは二五ドルだったという。タフでなければ生きてゆけない経済的貧困国での悲劇。しかし、そのタフな国が、生み出したものも、また多い。

新しい心　ニューエイジ・ミュージック

音楽は空気の振動であり、基本的には無形のものである。しかし、一八七七年に、トーマス・エジソンが、後のレコードの原型となる「フォノグラフ」を発明し、音声の記録と再生が可能になり、音（音楽）を封じ込める器、音楽が記録されている物質が誕生した。後に、SP盤、より割れにくく丈夫な塩化ビニールを原材料としたレコード、また音声データをデジタル記録したコンパクト・ディスクと、時代ごとの様々なフォーマットの音楽記録媒体が開発され、音楽は、何かしらのメディアに記録された状態で販売された。そのようなシステムの中で、何曲かを一纏めにした、アルバムという観念や、内容を印象づけ、視覚を伴い複合的に作品を表す装丁＝ジャケットなど、無形の音の振動を補完する、より多面的に表現するアイデアや制度も生まれ、二〇世紀は、音楽の複製芸術としてのゴールデン・エイジだったと言えるだろう。

近年は、ダウンロード配信やストリーミング配信といった、音声データで音楽を販売するシステムが開発され、音楽は再び、無形のものとなった。しかし、複製販売するために必要な器としての役目は終えたものの、物として所有できるということ、手で触れられるということ、様々な理由により、レコードやカセット・テープといったメディアの人気も根強く残り、また、初めて触れる新しい世代の音楽ファンからは新鮮に捉えられている。

配信サイトなどで、手軽に無限に音楽が聴けるという状況の中で、気に入った音楽は形あるもので買いたいという購買欲と、何かしらの物質にすることにより、アートワークを伴い、その作品ごとに様々な試行を凝らすことができるという表現欲。また、レコードやテープなどを積極的にリリースするレーベル、そのリスナーからすれば、そもそもが嗜好品である創作物、音楽作品は、手間のかかる形であろうと、利便性よりも、その作品性を重視したいとの考えもあるのだろう。

数十年にわたり主流メディアであったため、リリース量も多いレコードは、ＤＪカルチャーとも関わりが深く、大きなジャケットのアートワーク、アナログ・メディアならではの深みのある音質など、絶えず人気だが、とうの昔に音楽業界としての主流のメディアではなくなっているため、音楽好きに向けた少数枚の製造でコストが高くなってしまうこと、製造工場も少なく製造に時間がかかってしまうことなどもあり、カセット・テープのリリース、そして、その人気も上がってきている。

そんな近年の、リバイバルしたテープ・カルチャーの中で、そのテープの音質的特性とも相性が良く、活発にリリースが行われているのが、レア・グルーヴの最後の秘境として再評価（初評価？）が進む、ニューエイジ・ミュージックだ。

どこかへ　ヤソス

ニューエイジ・ミュージックは、「癒し」「やすらぎ」「リラクゼーション」といったキーワードと親和性が高く、一九八〇年代以降には、そういったものが乱発し、音楽ファンからも距離のあるものとなっていた。しかし、その深層部に存在した、創造性に溢れた作品が発掘されていき、さらに、影響を受けた若い世代が、また新しい感覚でニューエイジ・ミュージックを作り始めている。

音楽的に（は）近似性も多いアンビエント・ミュージックや、ダンス・ミュージックの方面からは、イビサ島で生まれたバレアリック・サウンドの流れ、ECMやウィンダム・ヒルといったジャズのレーベル、ポスト・クラシカルや実験音楽、様々な潮流のクロス・ポイントに、「ニューエイジ」はキーワードとして浮上している印象だ。

一九四七年ギリシャ生まれのヤソスは、ニューエイジ・ミュージックの始祖とされる存在である。一九六〇年代末、サンフランシスコで、当時全盛を極めたサイケデリック／ヒッピー・カルチャーを経験するものの、そぐわないものを感じ、ゴールデンゲート海峡を挟んでサンフランシスコ市と対岸関係にある、カリフォルニア州のサウサリートへと移り住む。そして、ヤソスが住んでいたボートハウスの二艘隣に住んでいたのが、カウンター・カルチャー世代の若者のカリスマ的リーダーだった、哲学者のアラン・ワッツであった。ほどなく、二人は親友になったという。アラン・ワッツの導き、奨励もあり、ヤソスは、個々の意識の変革と覚醒を促すスピリチュアル／メディテーション・ミュージック、自らは「パラダイス・ミュージック」と名づけた、ヒッピー・ムーブメントの影響を受けた自然回帰願望を持つ新しい世代の為の音楽を作り出した。

シンセサイザーを中心として、電子変調したスチール・ギター、フルートなどの穏やかで抽象的な音色を使い、明確なリズムがないことが特徴的なその音楽は、ヤソスが一六歳の時に初めて買ったレコードだという、マーティン・デニーのエキゾチカ・ミュージックとも、「ここではない何処か」を志向しているトリップ・ミュージックだという面での共通項もある。

ニューエイジというタームに、今まで以上の拡張の可能性があるのか私には分からないが、未開の地が（ほぼ）なくなり、辺境の果てまで探索しつくした果てに残った「ここではない何処か」の調べを、精神世界や瞑想といったものから切り離し、耳を傾ければ、そこには、今まで聴いたことがなかったような自由で美しい音が、確かに存在するのである。

夢の人　アントニオ猪木

アントニオ猪木は夢の人である。師匠である力道山が、戦争で負けた敵をとるように、自分より体の大きい悪役のアメリカ人レスラーを空手チョップで倒し喝采を浴びたように、元来から、小さいものが（弱いものが）、大きなものを（強いものを）倒すカタルシスは、プロレスの醍醐味だ。しかし、猪木は、より強烈で魅惑的なカタルシスを求め、当時、人気絶頂だった統一世界へビー級チャンピオンのボクサー、モハメド・アリとの異種格闘技戦を行うなど、常識の垣根を軽々と飛び越えていく。

試合前、レポーターに、その日の勝敗について尋ねられ「出る前に負けることを考えるバカいるかよ！」と答えた名言がある。そして、引退試合後のセレモニーでのスピーチ、「迷わず行けよ　行けばわかるさ」。そう、猪木は強烈なバイタリティーを持ったチャレンジの人である。史上初のレスラー出身議員としての政界入り、無謀と思われた、師匠力道山の故郷・北朝鮮でのプロレス興行、それは誰もが簡単に出来る事ではない。もがきながら、失敗をしながらも、チャレンジしていく、その猪木の背中を見た我々もまた、勇気をもらい、背中をそっと押されるのだ。

また別の角度の猪木は、ロマンの人でもある。新日本プロレスという団体を運営しながら、自身もレスラーとして活躍しながら、事業家としても様々な事業を行ったが、不動産業など、お金からお金を生むための事業には興味がなかったという。少年時代に一家で移住し、馴染みがあったブラジルから、いち早くタバスコを輸入したのは猪木である。そして、サトウキビの絞りかすを使った肥料の研究、バイオ・テクノロジーに関連した事業など、環境問題にも取り組んだ。その多くは、時期尚早であったり、人に騙されてしまい、負債を重ね、自身を、自身の団体を、苦しめていくこととなる。しかし、手がけた事業は、どれも、夢のあるものばかりであった。大袈裟な物言いだが、言ってしまえば、レスラーとして、政治家として、事業家として、本気で、ほんの少しでも、多くの人にとって世界が昨日よりちょっとでも暮らしやすいものになることを、実現しようとしていたのかもしれない。

長身で鍛え抜かれた鋼の体、ホウキともプロレスができると評された、天性のショーマン・シップ。そして強烈な毒を内包したトリック・スター、アントニオ猪木。キャッチ・フレーズとして使われた「闘魂」という文字の意味は、「己に打ち勝ち、闘い通じて自分の魂を磨くこと」。その夢とロマン、チャレンジ精神、バイタリティー。そして、勇気。その泥臭いエネルギーは、不要なもの、非合理的なものとして、今の時代から失われていっているものなのかもしれない。だからこそ、猪木の、誰かの、夢は、煌々とこの世界を照らす。

狂っているのは誰だ？　ジョン・ウォーターズ　其の壱

ジョン・ウォーターズは、アメリカ・メリーランド州ボルチモア生まれの映画監督だ。敬虔なカトリックの家庭で育つが、ゲイであり、一〇代のころから問題児として知られ、そのセンセーショナルな作風から「ゲロの王子」「トラッシュの法王」との異名を持つ。趣味は裁判傍聴。そして殺人犯が描いた絵を集めている。少年時代には、災害現場や事故現場に強く惹かれ、実の両親に廃車置場に連れて行ってもらっていたというから筋金入りだ。

そのウォーターズの映画の中でも、映画史に残る強烈なシーンとして語り継がれるのが、一九七二年製作の『ピンク・フラミンゴ』のラスト・シーン、一〇〇キロを超える巨漢のドラァグ・クイーンであるディヴァインが、本物の犬の糞を食べる場面であろう。しかし、自身が著書で「いい悪趣味と悪い悪趣味は別物なのだ。悪趣味を理解できるのは、いい趣味の持ち主だけだ」と語るように、ただいたずらに過激な演出をしているのではなく、その根底には深い「世の中に見向きもされない」事象への愛情や、インテリのエスプリを感じさせる。トレードマークのヒゲは付け髭で、着ている服は〈コム・デ・ギャルソン〉。

ニューヨーク大学の映画学科に進むが、マリファナ所持で放校処分となりボルチモアに戻ることになったウォーターズは、その後、その地に拘り、映画を作り続けている。都市と郊外、ボルチモアという「こんなに奇妙な都市はない」と語る街への愛憎入り混じった視点は、ウォーターズ映画に通底するテーマだ。一九九四年に製作された『シリアル・ママ』もボルチモアが舞台となっている。キャスリーン・ターナー演じる主婦ベヴァリーは、歯科医の夫と二人の子供を持つ、良き妻であり良き母親である。その暮らしは一見、一点の曇りもなく、良識を持った理想的で幸せな家庭像そのものだ。しかし、ママは、殺人犯と文通し、事件にまつわる文献を集める殺人愛好家で、ゴミを分別しない人、ショッピング・センターの駐車場で横入りをする人、レンタル・ビデオを巻き戻さないで返却する隣人、などを、次々と容易く殺してしまう。つまり、朝食として食べられる“Cereal”と連続殺人鬼を意味する“Serial Killer”がかけてあるのだが、そこには、良識の裏に隠された欺瞞、排他主義、非寛容的で薄っぺらい規範への嫌悪感、嘲りが込められている。さらに、捕まったママは、裁判で自らを弁護し、陪審員を丸め込み、無罪を勝ち取ってしまう。

物事の判断を、表面的な規範、イメージに左右され、本質を見ようとしない人々への、皮肉。いわく「ぼくの映画の予算では、とうていインドの飢えた子供たちは救えないよ」と謙虚に語る、悪趣味の帝王からの強烈な皮肉だ。さて、まともなのは誰で、狂っているのは誰だ？　と。

曲者達の夢の跡　ジョン・ウォーターズ　其の弐

自伝『悪趣味映画作法』には、ビートニクに憧れていたとの記述もあるが、一九四六年生まれのジョン・ウォーターズにとって避けては通れないはずのヒッピー文化に対しては、反権力、既存の様式の否定という面での共通項を持ちながらも、共同幻想的な物事に余程の嫌悪感があるのか、ラブ&ピースを指標する「ラブ・ジェネレーション」ではなく、「ヘイト・ジェネレーション」の誕生を夢想していたというほどの嫌いようだ。ヒッピー・ムーブメントの中心地とされたサンフランシスコから遥か遠い、ボルチモアという土地で、どんな共同体からもはみ出た、同調しなかった者達に愛情を注ぎ続けたウォーターズ。その良識に背く人々への熱い眼差し、アウトサイダーへの偏愛は、一貫した、そして変奏され続けたテーマである。

ジョニー・デップの映画初主演作となった一九九〇年製作の青春映画『クライ・ベイビー』では、パトリシア・ハーストが出演している。新聞社社長の娘として何不自由なく育ったパトリシアは、一九七四年、一九歳の時に、左翼過激派グループに誘拐されてしまう。しかし、その数日後、誘拐されたはずのパトリシアが、犯人グループと共にライフル銃を持って銀行強盗している姿が防犯カメラに捉えられ、全米は騒然となる。そして、組織の同志となったとの声明を発表。翌年、逮捕されるが、洗脳されていたとの主張で、すぐに釈放。と、いかにもウォーターズ好みのハチャメチャな事件のヒロインだ。二〇〇〇年に製作された『セシル・B／ザ・シネマ・ウォーズ』は、ハリウッドの拝金主義、良識主義を嫌悪し、真の映画を愛するインディーズ映画愛好チームに誘拐されたハリウッド女優が、むりやり、ゲリラでの映画撮影を強要されるものの、次第にその撮影に同調していくという、パトリシア・ハースト事件を下敷きにしたものである。パトリシアは、その映画にも誘拐犯の母親役として出演している。流石の配役。そして、そのオファーを受けるパトリシアもやはり只者ではない。

ウォーターズの元に集まった、地元ボルチモアの俳優、スタッフなど、通称「ドリーム・ランダーズ」の面々も、いずれも、曲者ばかりである。初期の作品は、盗んだフィルムでの撮影、無許可撮影も当たり前だったという。そのドリーム・ランダーズも、ドラッグ、ＡＩＤＳ、糖尿病などで、次々とこの世を去った。一度見たら忘れられない強烈なインパクトを持つ、巨漢のドラァグ・クイーン、ディヴァインも一九八八年に心臓発作で逝去。そして、健在のウォーターズ自身と、生き抜いたドリーム・ランダーズのメンバーも、ディヴァインと同じ墓地内に、すでに墓を購入しているという。

「家族」だと語る、奇妙な仲間達と共に描き出した、モンドでトラッシュな世界。それは、痛快でくだらなく、何よりも馬鹿馬鹿しく、下品で、無意味だ。だからこそ、素晴らしい。

二〇世紀の夏にキスをした永遠の少年　あがた森魚

あがた森魚は、一九四八年生まれのフォーク・シンガー、映画監督、役者、エッセイストである。五〇万枚を超える大ヒットになった「赤色エレジー」も収録されている、林静一によるジャケットのイラストも流麗な、大正ロマン的な世界観を持ったアルバム『乙女の儚夢』を一九七二年に発表。その後も、ニューウェーブ的な音楽性と、敬愛する稲垣足穂のような少年性、機械への偏愛、天体信仰を混ぜ込んだ特異なバンド「ヴァージンVS」では、アニメ『うる星やつら』のテーマ曲も制作した。かと思えば、その数年後、一九八〇年代後半には、タンゴにアプローチしたアルバムを発表。と、いつの時代も、あがた森魚にしか作りえない作品を作り続け、熱心なファンを生み出している。そして、私もそのファンの中の一人である。

三〇枚以上に及ぶアルバムの全てを聴くことは、まだ出来ていないのだが、私が今のところ一番好きな作品は、一九九六年に発表された『第七東映アワー』というアルバムである。架空の映画会社「第七東映」が製作した一二編の映画のサウンド・トラック集という設定で、八〇ページにも及ぶ付属のブックレット「第七東映社史 1960-61」には、第七東映の成り立ちや、関わった人物、撮影所についてのエッセイ、そして海洋アドベンチャー、SF、探偵サスペンス、アクション、といった各映画の（勿論架空の）製作状況、あらすじが詳細に記されているという手の込んだものだ。架空のサウンド・トラックという設定は、一つのクリシェだが、ここまで壮大に、子細に、軽く読んだだけでは虚構だとは分からないほど綿密な設定を作り上げたものは、なかなか例がないのではないだろうか？

その『第七東映アワー』や、細野晴臣のプロデュースで一九七六年に発表された、少年の夢想海洋冒険を題材とした二枚組アルバム『日本少年』などで顕著な、徹底したコンセプトの力。もの悲しく切ない侘しさ、足穂言うところの宇宙的郷愁。慎ましやかなセンチメンタリズムに、過剰とも言えるロマンティシズム。それらが、あがた森魚の魅力である。頻繁に題材として選ばれるのは、もう無くなってしまったもの、消え入りそうなもの、決して手が届くことのない、遠い遠い何か、だ。それは過去を懐かしむというような類いを遥かに超え、現在を折り返し地点として、時間を遡るか、未来に進むのか、表裏一体の、強靭な想像力が作り上げる魔法の世界。

灯りが落ちた映画館の中、スクリーンに立ち上る光は、遠い遠い世界の想像もつかないような物語を語り始める。めくるめく色彩。光と影が織り成す壮大な叙事詩。あがた森魚の音楽は、そんな映画の様な、そんな映画のサウンド・トラックの様な、二〇世紀の夏にキスをした永遠の少年の、時空を超えたパラレル・ワールドである。

2017

百万本のバラ　ニコ・ピロスマニ
純・美・音　ECMレコード
きみを夢見る時に　チェット・ベイカー
写真には写らない美しさ　ザ・ブルーハーツ　其の壱
君の味方　ザ・ブルーハーツ　其の弐
インド人の事はあんまり分かんないです　ザ・ブルーハーツ　其の参
わたしに会いに　映画『おもひでぽろぽろ』　其の壱
夕暮れのドンガバチョ　映画『おもひでぽろぽろ』　其の弐
今でも何かを探してる　植草甚一
死んだ奴が負け　映画『麻雀放浪記』
博徒の哲学　色川武大
豚に支配されないために　小説『動物農場』

百万本のバラ　ニコ・ピロスマニ

「小さな家とキャンバス 他には何もない 貧しい絵かきが 女優に恋をした 大好きなあの人にバラの花をあげたい ある日 街中のバラを買いました 百万本のバラの花を あなたに あなたにあなたにあげる」

この切ない恋の歌は、日本では、加藤登紀子による訳詞、歌唱で知られる「百万本のバラ」という曲である。そのモデルとされるのが、グルジア（現ジョージア）の「放浪の画家」、ニコ・ピロスマニだ。

一八六二年生まれのピロスマニは、幼くして両親を亡くす。何度か定職についた後に、後年は、住まいを定めず、様々な場所を放浪しながら、物置のようなところで寝泊りし、僅かな食事と引き換えに、店に飾る絵や看板を描き続け、そして生涯を終えた。そのようなピロスマニの生き方も鬼気迫るものがあるが、残した絵、それ自体も、不思議な魅力に満ちた素晴らしいものである。

素朴なタッチで描かれる動物や人物は、どこかアイコニックにデフォルメされているが、そのシンプルな造形は、同時に、どこか深遠で、童話、神話的な、人懐っこさと怖さを内包している。また、立体感に乏しく、簡略化された非描写的な構図も、特徴的だ。過不足なく必要な要素が全てあるようにも、どこか居心地が悪く、未熟で稚拙なようにも感じられる。だが、どの絵も、技巧や理屈を越えた領域で、見るものを引き込むような、質素でありながら雄大なオーラを放っている。

ピロスマニが残した絵のほとんどは、価値を見いだされることなく、看板としての用途を終えると、処分されてしまったという。また、多くの詩作も行っていたというが、死後、その価値に気が付かなかった実の妹によって、こちらも処分された。

存命中も、ピカソが評価し、晩年はロシアの画壇でも紹介された。しかし、僅か数年後には、新聞の言説に書かれたピロスマニを揶揄するかのような評により、手のひらを返すように、その評価も地に落ち、ピロスマニは失意のまま、誰にも知られることなく、吹きさらしで暗く冷たいワインの貯蔵庫として使われていた穴倉で、ひとり息を引き取った。

どこまでも、慎ましく潔癖、愚鈍なまでに我を通し、地位や名声、金銭的な充足を拒否し、ただ、日々の暮らしを繋ぎとめる僅かな糧のために、絵を描き続けたピロスマニ。現在、自分の絵が、国際的な知名度を誇り、ジョージアを代表する作家と評され、紙幣に肖像が使用されていることなど、勿論、想像だにしえなかっただろう。

私は、様々な成功のエピソードや、成り上がりの物語よりも、ピロスマニのような静かな魂、静謐さに、心惹かれてしまう。そして、そんなピロスマニを知れば知るほど、その一世一代の恋、「百万本のバラ」もまた、どこまでも美しく、切なく、鳴り響く。

純・美・音　ＥＣＭレコード

ＥＣＭレコードは、自らもジャズ・ミュージシャンであった、ドイツ出身のレコード・プロデューサー、マンフレート・アイヒャーが、一九六九年に設立したレコード会社である。

ＥＣＭがリリースするのは、「The Most Beautiful Sound Next To Silence」（沈黙の次に美しい音）というスローガン通りの、抑制された知性的な楽曲だ。ジャズを基調としながらも、響き、隙間を重視した、その音源には、他のジャズとは違う、「ＥＣＭ」としての記号性、アイデンティティーがあり、また、美しくも抽象的な写真に、構成主義的でシンプルな文字によるデザインのジャケット・ワークもＥＣＭの特徴で、そこでもまた、一見してＥＣＭと分かる独自の美学を有している。

発売直後のセールスや話題性よりも、一〇年後にも聴く価値のあるものかどうかを大切にするというアイヒャーのプロデュースは、あくまでも音楽としての芸術性、ミュージシャンの作りたいものを尊重し、ソロやデュオなどの、他のレーベルでは好まれないような編成も多くリリースした。マイルス・デイヴィスのバンドにも参加したピアニスト、キース・ジャレットの、即興ソロ・ピアノ集『ソロ・コンサート』は、レコード三枚組の大作であり、当時の音楽業界、リスナーに衝撃を与えた。

ジャズは元々、アフリカ系アメリカ人により発展した音楽であるが、ＥＣＭからは、ジャズが元来内包していた野性的なエネルギーよりも、アイヒャーが幼少のころから親しんでいたというクラシック音楽のような上品さを感じさせ、実際に白人の理知的なミュージシャンのリリースが多い。また、後には、ニュー・シリーズと題された、クラシック、現代音楽などをリリースする別ラインも立ち上げ、そのタイトルには、スティーヴ・ライヒのミニマル・ミュージックなども含まれる。

それは、既存のレーベルと同じことをしたくない、またジャズの歴史が積み上がった上での、後発のインディー・レーベルが取らざるをえなかった態度であったのかもしれない。しかし、その抑制された美しさに隠された先鋭性、挑戦性こそが、ＥＣＭをＥＣＭたらしめている根本的な姿勢である。そして、アイヒャーは、ジャズに影響を受けながらも、ドイツ人として誠実に、自らが美しいと思うコンテンポラリー・ミュージックを作ることに向き合ったとも言える。

歴史の中で、ジャズを含む、多くの新しい表現スタイルは、満たされた上流階級ではなく、庶民、もしくは、貧しい人々の、混沌としたエネルギーの中から生まれてきた。しかし、ＥＣＭは、そのような混沌とはまた違う場所から、美を、芸術を、何のためでもなく、何に利用するわけでもなく、ただ美や芸術のために生み出しているように思う。だからこそ、情念や物語が付随しない、美しい音が、ただ存在している。

きみを夢見る時に　チェット・ベイカー

チェット・ベイカーの魅力とは、なんであろうか？　中性的で、か細いメランコリックな歌。抑制されながらも、甘くロマンチックなトランペット。甘いが、しっかりとビターで、引き締まり、それは、夜の喧騒に浮かび上がる薄明のようだ。そして、それが特別なものであるということを、容易に聴き取ることが出来る。無性にチェット・ベイカーを聴きたくなる夜がある。それは、特別な夜なのかもしれない。

一九二九年、オクラホマ州生まれのチェット・ベイカーは、除隊後、大学で音楽を学び、やがてプロのジャズ・ミュージシャンとなる。洗練されたウエストコースト・ジャズを代表する存在となったチェット・ベイカーが、全編ボーカル入りのアルバム『チェット・ベイカー・シングス』を発表したのは一九五六年のことだ。歌い上げるわけでもなく、技巧的に上手いわけでもない歌だが、引き込まれるような、唯一無二の魅力を携えており、その歌唱法は、後に、ボサノヴァにも影響を与えたという。その甘い歌声、スウィートなトランペット、そしてなによりジェームズ・ディーンが引き合いに出された、その容姿、キャラクターも、絶大な女性人気を博し、時代の寵児となった。

しかし、その後のチェット・ベイカーは、ドラッグ中毒になりトラブルを頻繁に起こす。一九七〇年には、ドラッグが原因の喧嘩で、トランペッターにとって命とも言える大切な歯を折られてしまう。一九七三年に復帰し、一九七五年に活動拠点をヨーロッパに移してからは、ドラッグを買う目先のお金欲しさに、制作が容易なライブ盤を中心に、多くのアルバムを残した。

〈カルバン・クライン〉〈ラルフ・ローレン〉などの広告写真で知られる写真家、ブルース・ウェーバーが監督し、一九八八年に公開された、白黒のドキュメンタリー映画『レッツ・ゲット・ロスト』は、そんなチェット・ベイカーを追ったものである。まだ五〇代なのにすっかり老け込み、皺くちゃのチェットは、変わらず色男だが、どこか破れかぶれのようにも感じられる。離れ離れになっている戸籍上の妻と子供達、ヨーロッパでの数々の恋人達、共演者、その多くがチェットへの愛情と同時に、辛らつな言葉も語る。煙草をくゆらせ、自身の半生を回顧するチェットは、枯れた洗練の極みのようでも、怠惰の極みのようでもある。

映画の中で自身の持ち歌「Deep In A Dream」について語る場面が心に残っている。「天から楽の音が降りそそぎ　恋人たちの語らいに流れ込む　きみの魅惑の前に　僕は姿を現わす　恋人よ何度でも　タバコが指を焦がし　まどろみから醒めた　僕の心は痛む　もう一度昔のように愛し合える　きみを夢見る時に」。映画公開前の一九八八年五月一三日、チェット・ベイカーは、オランダのホテルの窓から転落し、死んだ。

写真には写らない美しさ　ザ・ブルーハーツ　其の壱

「ドブネズミみたいに美しくなりたい　写真には写らない美しさがあるから」というのは、もの凄い歌詞である。「リンダ リンダ」という曲はあまりにも有名で、シンプルに楽曲のみに今一度向き合うことは困難になっているかもしれないが、この曲は凄い曲だ。

この時期のザ・ブルーハーツの曲は、「人にやさしく」の歌いだし「気が狂いそう　やさしい歌が好きで」や、「ブルーハーツのテーマ」の歌いだし「人殺し　銀行強盗　チンピラたち　手を合わせる刑務所の中」といった、最初の一言のインパクトでグッと掴んでしまうという手法がある。このことは知り合いのミュージシャンが指摘していて、遅ればせながら私も気がついた。普通は、なかなか最初の一言を「人殺し」にしようとは思わないであろう。何百曲作ろうとも、中々選び得ない言葉のチョイスである。また「気が狂いそう」までは有り得るとしても、それに続く理由が「やさしい歌が好きで」だというのは天才的な閃きだ。たった数センテンスで、グッと掴まれ、そして引き込まれてしまう。

「ドブネズミ」も同様に、曲の最初の言葉としてはおろか、中々歌詞として選ばれる言葉ではない。そして、それが「美しい」という、強烈な逆説。価値の反転、既成概念への牽制。これでイントロ数秒。そして、それは「写真には写らない」という、反表面主義。皆の見ようとしない所、無いことになっているものを丁寧に掬い取る。そして、どこまでも愚鈍に、ド真ん中からそれを肯定する。

「リンダ リンダ」のリンダは誰なんだ、なんなんだというのは一切説明されず、「もしも僕がいつか君と出会い話し合うなら そんな時はどうか愛の意味を知って下さい」と続く。状況や状態は分からないが、何かの衝動、何かの巨大な観念だけが、力強く宣言され、歌われる。そして歌詞の大部分はリンダリンダというフレーズのリフレイン。もの凄く簡単に、単純に、誰にでも分かる言葉で、当たり前の真理を歌っているようで、実の所、掴み所の無い、永遠に掴み切れない、抽象性も持ち合わせているように思う。

そして、誰にでも分かるということ、楽曲の構造としてはパンクを基調とした簡単なスリー・コードの楽曲を主にしていること、極限に、むき出しに、簡単であるということは、重要なポイントである。そこが魅力であり、また、誤解を生む要因でもあると思う。そして、誤解を集めるということはポップ・ミュージックとしての磁場、色気を携えているということでもある。ブルーハーツ的なスタイルを踏襲した多くのフォロワーのバンドとは、そういった根本的な多面性、奥行き、といったスタンスの面で異なっているのではないだろうか。

大事なのは「スタイル」ではなく「スタンス」、写真には写らない美しさ。

君の味方　ザ・ブルーハーツ　其の弐

「僕たちを縛りつけて、一人ぼっちにさせようとした全ての大人に感謝します」

　これは、一九八七年五月二一日に発表されたザ・ブルーハーツのファースト・アルバム『THE BLUE HEARTS』の帯に付けられたキャッチ・コピーであり、もともとは、一九八五年のクリスマス・イブに行われたワンマン・ライブの入場者全員に配られたソノシートの楽曲、「1985」の歌詞である。「終わらない歌」という曲では「終わらない歌を歌おう　クソッタレの世界のため　終わらない歌を歌おう　全てのクズ共のために」、「ダンス・ナンバー」では、「誰かが決めた　ステップなんて　関係ないんだ　デタラメでいいよ」と歌われる。初期のブルーハーツの楽曲では、一貫して、弱者の視点、持たざるものの視点、何も成し遂げていないものの視点が強調され、我々ブルーハーツは、その味方だとの立場を崩さない。

　それは、何かが上手くいかない、社会の、世界の中に居場所が見つけられないマイノリティーの視点のようで、実際の所、潜在的には圧倒的なマジョリティーな感情ではないだろうか。映画やドラマに出るような美男美女しかいない世界はどこにもなく、スーパー・スターやヒーローのような人間は、実は、ほとんどいない。この世界は（美男美女やスーパー・スターも含めて）、何かをやろうとしたり、諦めたり、上手くいったり、いかなかったりしながら、続いていく日々を過ごす、市井の人々で構成されている。まして、自分と世界との距離を定めるものさしが定まっていない、「仮面をつけて生きるのは 息苦しくてしょうがない どこでもいつも誰とでも 笑顔でなんかいられない」思春期の若者には切実に、強烈に、自分達の代弁者の言葉として響くだろう。そして、その立脚点の上で、文化系、体育会系といった大きな志向、資質を越えた支持を集めた。

〝大人〟という曖昧な仮想敵、権力への反発は、ロック・ミュージックの常套句であり、その共犯意識の共有には、安易で危険な面もある。実際、誤解や反感、熱狂的な支持、といった混濁流の中を疾走したブルーハーツは、キャリアを重ねるごとに、編み出した、その、誰にでも伝わる言葉をシンプルな楽曲に乗せるというスタイルからの脱却を図り、抽象性を増した、もしくはキャッチコピーのように語感を優先させた詩作、パンク・ロックに留まらない幅広い楽曲を模索する。また、ボーカルの甲本ヒロトと、ギターの真島昌利が後に結成した「THE HIGH-LOWS」「ザ・クロマニヨンズ」でも、その洗練化を押し進め、不純物のない凝固されたフィジカルなロックンロールというスタイルを確立している。しかし、初期のブルーハーツには、危うさを伴っているからこそ持ちえた、利那的で、衝動的、そして普遍的な、エネルギー、哲学があったのではないだろうか。

インド人の事はあんまり分かんないです　ザ・ブルーハーツ　其の参

前回、前々回と、主に歌詞を中心として、ザ・ブルーハーツというバンドの特異性について考えてみたが、ロック・バンド～パンク・バンドであるザ・ブルーハーツの魅力の一つとして、ボーカル担当、甲本ヒロトのキャラクター、パフォーマーとしての身体能力の高さ、というのは無視できないポイントであろう。

やせた体躯に、長い手足、落ち着きない子供のようにピョンピョンと飛び跳ねる、どこかコミカルでクレイジーな振る舞い。無骨で剥き出しの歌唱法。哲学的な歌詞を、文学青年ではなく、異物感を絶えず（意図的に）纏う甲本ヒロトがパフォームすることによるギャップが、居心地の悪さ、表現としての深遠さを生んでいる。

一九八七年一二月三〇日に、ザ・ブルーハーツが『夜のヒットスタジオDELUXE』に初登場。「写真には……テレビにも、映らない美しさがあるから」と、歌詞を付けたし、ボロボロの服を着てスタジオ中を動き回りながら「リンダ リンダ」を歌った甲本ヒロトは、違和感の塊であり、その意味を処理しきれない他の出演ミュージシャンは、その姿を笑うことしか出来なかったように感じられた。

一般的に、音楽というもの自体、その構造自体は、多くの割合まで数学的に解析、解明、製作も出来るものであると思う。しかし、ビートたけしも「嫉妬した」と語る、甲本ヒロトの人間的なエネルギー、方程式からは零れ落ちる、愛嬌、逞しさ。気概、優しさ。

また、このような言及はあまりされていないように思うが、つまるところ、その知性が大きな魅力なのではないだろうか？　前述の『夜のヒットスタジオDELUXE』、司会の古舘伊知郎が演奏前のザ・ブルーハーツにインタビューをする。当時、盛り上がりを見せていたインディーズ・ブームについての、「インディーズとして出てきて、マイナーが一気にメジャーになっているこの勢い、それについて自分達はどう思うか」との質問に、ヒロトはサラリと「インド人のことはあんまり分かんないです」と返す。たじたじとなる古舘伊知郎より一枚上手で、固定観念や、自分達に対する色眼鏡、自分達がやっていること、そして自分達がやっていることへの印象、を理解していたのは、ザ・ブルーハーツの方だったのかもしれない。

そのやり方は、漫画家の赤塚不二夫が語る「自分が最低だと思っていればいいのよ。一番劣ると思っていればいいの。そしたらね、みんなの言っていることがちゃんと頭に入ってくる。自分が偉いと思っていると、他人は何も言ってくれない。そしたらダメなんだよ。てめぇが一番バカになればいいの」という物言いと同質な、世界の見方、知恵が隠されているように思う。

わたしに会いに　映画『おもひでぽろぽろ』其の壱

一九八五年に設立されたスタジオジブリは、多くの長編アニメーションを製作し、ベルリン国際映画祭の金熊賞、アカデミー賞の長編アニメ映画賞、ヴェネツィア国際映画祭では、金のオゼッラ賞を受賞するなど、国際的にも高い評価を受けている。子供でも楽しめる冒険活劇、ファンタジックな作風を得意にする宮崎駿監督作品の方が知名度が高いかもしれないが、私が昔から好きなのは、野坂昭如原作の『火垂るの墓』、民俗学と自然環境問題を混ぜ込んだ『平成狸合戦ぽんぽこ』などを監督した高畑勲監督だ。

高畑勲作品は、エンターテイメント指数の高い宮崎駿作品と比べると、ビターで大人向けの側面や、教育的、啓蒙的な色、アニメーション表現としての実験性を模索した面も強く、一般的には、マニアックな印象も強いかもしれない。しかし、どの作品も、心地良い余白と余韻を持ち、その隙間には、見るものが「考えさせられる」何かがある。受動的な姿勢ではなく、能動的になればなるほど、膨らみを生む余地が意図的に残されている。

『おもひでぽろぽろ』は、岡本螢（作）、刀根夕子（画）による同名漫画を原作に、一九九一年に公開された、高畑勲監督によるアニメーション映画である。一九八二年を舞台に、主人公である二七歳のＯＬ、岡島タエ子が、一〇歳であった一九六六年の生活を回想する、二つの時間軸が混ざり合った構成だが、原作漫画には二七歳の場面は登場せず、映画化にあたり付け加えられている。しかし、この新たな構図が、魅力的な、むしろ軸となる奥行きを与え、話は進んでいく。「大人と子供」、「都市と田園」といった対比構造をもった岡島タエ子の成長物語である。

　一度、世の中に発表された創作物は、基本的には固定され形の変わらないものである。そのジャケット・カバーが色あせ、リリース形態が変わろうとも、ハッピー・エンドで終わった話の結末が逆転したり、登場人物が変わったりはしない。変わるのは、私達であり、時代である。優れた創作物、創作品は、おしなべて、一つの支軸、座標軸として機能するように思う。一五歳のときに初めて聴いた音楽作品は、二五歳に聴くとき、三五歳、四五歳と年を重ね聴くたびに、それぞれ違って聴こえるはずだ。ある作品は、最初と同じ印象をキープするが、また別のものは全然違った印象を与えるかもしれない。一度変わった印象が、また元に戻ることもあるかもしれない。二四歳のボブ・ディランは、永遠に二四歳のまま、私達に歌いかける。「どんな感じだ？」

　『おもひでぽろぽろ』も、子供のときに見るよりも、年を重ね見るごとに、意味の分かる、その時々の自分との距離によって見え方の変わる、自分の変化が分かる、一つの座標軸となるような作品ではないだろうか。

夕暮れのドンガバチョ　映画『おもひでぽろぽろ』　其の弐

現在、日本の高齢者人口は、約四人に一人が六五歳以上という少子高齢化社会であり、また今後も、高齢者の割合は増えていくとの予想が立てられている。しかし、なのか、だからこそなのか、社会風潮としては、若いということのプライオリティー、若くいるべき、という志向が強まっているように感じられる。たしかに「青春はいちどだけ」だが、二〇世紀のロックが「Don't trust over thirty」をスローガンにした時代とは、その「若さ」の意味合いも変わってきているのではないだろうか？　第二次世界大戦後のベビーブーム世代が、既存構造に対するカウンターというものから掲げた「若さ」、から、直接的な若さ、大人としての責任回避の延命、としての「若さ」に。と、いうのは、うがった見方ではなく、偏った解釈であろうか。大人というのが（勿論、そこに困難があり、不可能なことも多くとも）、自分の欲望をコントロールし、大勢の他者と共に気持ちよく過ごしていくこと、それでいて、そのために、自分で判断し、自分で行動すること、だとすると、当たり前のことだが、共同体の中で誰かがその責任を負わなくてはならない。

映画『おもひでぽろぽろ』は、様々な要素を扱っているが、その主題となるのは「大人になること」ではないだろうか。以下、ストーリーにも直接的に触れながら再び『おもひでぽろぽろ』に言及しておこうと思う（なので、知りたくない方はお気をつけください）。

一九六六年、一〇歳の岡島タエ子は、不器用でありながら、年相応の好奇心を持った少女だ。しかし、家父長制の色濃い家族関係には、息苦しい面もあり、学芸会で注目され劇団からスカウトがあった時、父親に反対され、演劇をやることが出来なかったことなどは、しこりとしてずっと抱えている。

二七歳、OLのタエ子は、夏の休暇を、山形で、農作業を手伝いながら過ごす。滞在先の家の息子、トシオや、農家の人々との交流に心を惹かれていく。そこについてきたのは、沢山の思い出を伴った一〇歳の時のタエ子だ。淡い初恋の思い出、どうしても理解できなかった分数の割り算、夕暮れのドンガバチョ。

帰りの電車の中で、一〇歳の幻影を振りほどき、自分の意志で農村に戻ることを決意するタエ子。その行動が正解だったのか、勇み足だったのかは、私達には分からないが、二七歳のタエ子は、サナギの自分から、自らの勇気で、蝶として、この世界に飛び立つ決心をしたということは確かなのである。「苦しいことも　あるだろさ　悲しいことも　あるだろさ　だけど　ぼくらはくじけない　泣くのはいやだ　笑っちゃおう　進め」

今でも何かを探してる　植草甚一

音楽、映画、演劇、小説……、創作物というものは、即物的な娯楽という側面も勿論あるが、さらに探求していけば、自分とは違う、遠い地域の、時代の、立場の、様々な人々の声に触れることでもある。それは興味深く、有意義な、豊かなことではないだろうか。それは、この世界の、歴史の、自分の知らない新しい価値観に触れるということだ。

複製芸術のゴールデン・エラ、二〇世紀には、一般庶民も多くの情報に触れることが可能になった。遠く離れた、訪れたこともなければ、場所も正確に分からないような国の、音楽、文化、風習。今、インターネットの時代には、さらに多くの情報にアクセスすることができる。横の部屋に住んでいる人のことは何も分からなくても、ギリシャの石像のことも、希少なプログレッシブ・ロックのことも、氷点下でのサバイバル術も、その気になれば調べ上げることができる。

それで、私達は何を分かったのであろうか？　勿論、それは、どこまで行っても情報である。体験の伴わない情報は、あくまでもただの情報だ。必要なのはリテラシー、その理解能力ではないだろうか。多くの情報に煽られるままに、その表面をなぞり、消費し続けるような受動的な態度ではなく、必要なものを嗅ぎ分け、吟味し、能動的に判断できるような力を育んでいかなければ、溢れかえる情報の中で溺れてしまうだろう。テクノロジーの進歩、情報社会自体は、憂うことではない。しかし、自分が選んだつもりの何か、知っているつもりの何かも、本当は広大な世界、歴史の中の、ほんの一片の偏ったちっぽけなものだという意識もなくしてはならない。自分、自分達、の、今ある形を基準に、それとは違うものを奇異だと認識しても、また別の場所、時代の中では、今この場所も奇異なものであるという視点をなくしてしまうのは危険である。

知らないものを知るということ。知りたいと思うこと。世界地図を広げること。幼い子供が近所の公園を飛び出し、初めて隣町に足を踏み入れるように、少しずつ遠くへ、遠くへ。自分の好きなもの、知っているもの、という殻を破り、違和感のある、新しい、何かに触れること。それを、成長と言うのではないだろうか。日本で作られた世界地図は、日本が中心に描かれているが、他国では勿論、その国が中心になった世界地図がある。そう、世界地図に、世界に、中心など本当はないのだから。

その上で、一つ一つに、自分で触れて判断し、認識していかなければならない。それは現実的には中々できることではないが、情報というのはあくまで疑似体験、表層的な認識だという実感は得ることができるかもしれない。散歩や雑学がすきでも、すきでなくても、知らない本や本屋を捜したり読んだり。まあ、いつも夢中になったり飽きてしまったり、するのだけれど。

死んだ奴が負け　映画『麻雀放浪記』

一九八四年に公開された映画『麻雀放浪記』は、阿佐田哲也の小説を原作とした、イラストレーター和田誠の初監督作品である。第二次世界大戦後の混乱期、焼け跡の東京を舞台に、博打打ちの群像、生き様を描いたピカレスク・ロマン（悪漢小説）、エンターテイメント物語。

まず、興味深いのは、戦後時代の民衆のエネルギー、熱気と猥雑さ、人々の逞しさ。そして、白黒映画にするという英断も、ノスタルジーを演出し、街並み、トタンのバラック小屋などを無理なく映しだす。そんな舞台上で、無頼漢達が命を削り、戦いあう舞台が、「麻雀」だ。

私は麻雀に精通しているわけではないが、ルールを詳しく知らなくても、博打打ちの生き様、その駆け引きに、引き込まれずにはいられない。今日を、明日を、生き抜くために、騙し騙され、牌を読み、心を読み、そして時にはイカサマも駆使して、裏の世界で夜を明かす癖者共は、揃いも揃ってまともではない人間だ。しかし、同時に抗うことの出来ない魅力を放っている。いわく「この世界には友情とか友達なんてものはない　ボスと手下と敵と　その三つだけ」。

主人公の「坊や哲」を演じるのは真田広之。まだ一〇代だが、天性の勝負力と、鋭い洞察力を持つ坊や哲を好演する。その主人公を喰う勢いの存在感を見せるのは、鹿賀丈史演じる「ドサ健」。情け容赦ない悪党でありながら、ハンサムで昔気質の男。恋人「まゆみ」を、博打を打つための借金の形として質に入れてしまう。その、まゆみを演じるのは、まだあどけない印象も感じさせる大竹しのぶ。原作では深く描かれなかった人物像が、大竹の、純情で隙がありながら、同時にしたたかさも漂わせる怪演によって膨らみを見せている。坊や哲が惚れてしまう、英語が堪能な娼婦であり、外国人向け違法賭博場「オックスクラブ」のママである妖艶な女性を演じるのは加賀まりこ。これもはまり役だ。そして、老熟した麻雀を打ち、ドサ健との大勝負では大胆なイカサマも仕込む達人「出目徳」を演じた高品格は、演技とは全く思えない異様な存在感で日本アカデミー賞ほか各映画賞の助演男優賞を受賞した。

ドサ健との因縁の対決で、ヒロポンを打ちながらの大勝負中に九連宝燈のあがり手を作りながら、出目徳は突然死。ドサ健は「死んだ奴が負けだ」と言い放ち、出目徳の身包みを剥がし、坂を転がしドブに死体を捨てる。非道な名シーンだ。そして、また、皆は麻雀を打ちに戻る。非情なのかどうかは私には分からない。分かるのは、そんな世界を生きる男達がいたということ。「手前等にできることは長生きだけだ。糞ォたれて我慢して生きてくんだ。ざまァみやがれ、この生まれぞこない野郎」

博徒の哲学　色川武大

前回取り上げた映画『麻雀放浪記』の原作者、阿佐田哲也の本名であり、純文学方面での筆名が色川武大である。父親が退役軍人の恩給生活者で働かず家にいたことや、頭の形にコンプレックスをもっていた色川少年は、普通の学校生活、普通とされている行動規範に馴染めず、学校を抜け出し、映画や寄席に通い詰めるような劣等生だったという。終戦後、学校に戻らず、家から飛び出し、麻雀放浪記さながらの博打道に入り、やっとまともではない自分の居場所を見つける。それは、何一つ後ろ盾のない少年にとって、負けることの許されない勝負の世界であり、稼いだ時は宿に泊まり、文無しになった際は野宿をするような生活であった。そのような、まさに裏も表も知り尽くした色川武大の博打哲学、そして、その先に浮かび上がる人生哲学は、機知に富み、濃厚に、力強く、そしてなにより為になり面白い。

まず、趣味でもなく、アマチュアでもなく、プロフェッショナルであるということ。これは気概の話などではなく、前述のように、戦後のドサクサの流れの中で仕事として博打を選んだ少年にとって、生きていくための大前提である。そして、プロであるということは、それを持続するということだ。そのために必要なのが、自らのブレない「フォーム」であり、大相撲で例えるならば、九勝六敗を狙うのだという。八勝七敗は危ない、しかし、一五勝〇敗を続けることは現実的に難しい。何より、人の運というのは限られている。弱い相手に勝ちすぎると、相手が博打を打たなくなるので、ほどほどに勝たなくてはならない。また、実力、経験など、力の拮抗する者同士の戦いでは、ほんの僅かな、運の取り込み方、見極め方の差で、勝負が決まる。全勝に近い成績をあげてしまうということは、フォーム以外の運を使ってしまっているということで、大きく勝つということは、大きく負ける可能性が膨らむことになる。なので、六敗の仕方、いかに負けるかということが大事なのだという。かつ、一勝一四敗であろうとも、金銭的に勝てばそれで問題はないわけである。

「強い者が勝つとはかぎらないけれど、長い眼で見て弱い者が勝つということは、万に一つもないんだ」と語りながら、プロフェッショナルとしての持続性の為に、如何に負けるかに真剣に頭を悩ませる、色川武大。ノイローゼのようにも、強迫観念のようにも思えるが、そこには、修羅場をくぐり抜け、生き抜いた男の凄み、説得力があり、また、腑に落ちる。

色川は、得意技ではあった、ギャンブル、麻雀などのエンターテイメント小説を書くのは本意ではなく、生活の為であったという。一九八九年、純文学の執筆活動に専念するために、敬愛するジャズ喫茶「ベイシー」のある岩手県一関市に引っ越しをする。しかし、僅か数日後の四月一〇日、満六〇歳で運を使い果たし、永い眠りについた。

豚に支配されないために　小説『動物農場』

『動物農場』はジョージ・オーウェルによって書かれ、一九四五年に発表された小説だ。イギリスのある農場で、人間達からの理不尽な扱いに耐えかねた動物達が反乱を起こす。農場主を追い出し、「動物主義」を掲げ、平等で理想的な社会を動物達自身で作り上げていく。豚、馬、猫、ロバにカラス、犬や羊。結託し、平等な暮らしが営まれるはずが、しだいに、その知能や技能の違いから、新たな階級が生まれ、ずる賢い豚のナポレオンが支配者として君臨する。対抗する存在の豚、スノーボールに無実の罪を被せ、農場から追放すると、その暴走は加速し、反抗するものは容赦なく粛清され、次第に、多くの動物達にとって、人間に支配されていたときと変わらない、むしろ、より問題や貧困に満ちた恐怖政治体制になっていく。それでも多くの動物達は、ナポレオンの都合の良いプロパガンダの前に、疑問を持たず、また一部のナポレオンのやり方を疑う者も、声をあげることができない。

以上が物語のあらましである。一時は共産主義に傾倒し、スペイン内戦に志願して兵士として参加、その後、左翼的思想にも強い反発を持つようになったというジョージ・オーウェル自らの考えを色濃く反映した、ソ連の社会主義を揶揄した内容だが、資本主義、新自由主義的な社会の問題点とも取ることが出来る。つまり、どのような社会の仕組みになろうとも生じる可能性のある、絶対的権力の腐敗構造、全体主義の恐ろしさといった、規模の大小、その問題点の差異こそあれ、つきることのない人類普遍の問題である。そういったテーマを、豚や馬などの動物を登場人物とした寓話で描いたことは、距離をもって問題の構造のみを見えやすくするという意味で、非常にクレバーであり、今読んでも、これから月日が流れても、古びることがないであろう根源的な物語としての切実さを獲得している。そして、ジョージ・オーウェルは、死の前年、一九四九年に、『動物農場』の続編と言えるディストピア——管理社会を描いた、より直接的な語り口で危機意識を提示する小説『１９８４』を発表する。

本作の翻訳も手がけた開高健は、解説で「この作品が身にしみてくるときはこの作品を読めなくなるときである。この作品の真の読者はこの作品が出版される国にはいないのである」と、書き記す。異なる考え、立場の、多種多様な人々が、各々にとって尊厳を保ち暮らせる、共存、共栄の形を、人類は、様々な角度から試し、修正し続けていると言えるだろう。完璧な形、システムは、永遠に完成することはないのかもしれない。だが、正解はなくとも、ほんの少しでも正解に近づくための試みを、決して諦めてはならない。『動物農場』が切実さを伴わない寓話として扱われる日まで、たゆまぬ歩みを。豚に支配されないための、知力と体力を。

2018

一九五六年のエルヴィス・プレスリー　エルヴィス・プレスリー　其の壱
甘いソーダ水　エルヴィス・プレスリー　其の弐
小さなラジオのボリュームを　エルヴィス・プレスリー　其の参
キャメラが映すもの　映画『コミック雑誌なんかいらない！』
感謝——アゲイン・サムウェア　雑誌『POPEYE』

一九五六年のエルヴィス・プレスリー　エルヴィス・プレスリー　其の壱

私はエルヴィス・プレスリーについての理解や興味があるわけではなかった。貧しい生まれでトラックの運転手をしていたこと、一九七〇年代、太ってしまったこと、ラスベガスでショーをしていたこと、そして勿論いくつかのヒット・ナンバーは知っていた。何枚かのレコードを買ってみたこともあるが、往年のポップ・スターという認識以上に、興味が深まる事はなく時は過ぎた。

なので、『エルヴィス、21歳』という、その名の通り、一九五六年、二一歳のエルヴィスを写した写真集を、古本屋の棚から手に取ったのは、ただの気まぐれで、特に買うつもりはなかった。ページをペラペラとめくると、白黒の粗い粒子の中に、エルヴィスが、熱狂的なファンが、レコーディング風景が、ショー・ビジネスの裏側が、記録されている。当たり前の話だが一九五六年から時を止め、一九五七年も、一九七七年も、勿論二〇一七年も知らない、知りえるわけもない、一九五六年のエルヴィス・プレスリーとその狂騒の記録だ。

よし、この写真集を買おうという気になったのは、楽屋裏に忍び込んだ（?）ファンの女の子と、おでこがくっ付きそうなほど顔を近づけ、舌を突き出し合いキスをする一枚の写真のことが、どうしても気になったからだ。エルヴィスはスーツをスマートに、だが心持ちルーズに着こなし、ダックテールと呼ばれる横髪を後ろへなで付けるヘアスタイルで、少し恥ずかしそうな女性は、肩の開いたボディ・ラインが強調されたドレス。その時、唐突に、しかしはっきりと、エルヴィス・プレスリーというミュージシャン、存在の、魅力、意味を、その本質の片鱗を理解した。

一九五六年にエルヴィスのファンだった少女達は、まだ新しく（つまり可能性に満ちた）、既存の価値観に囚われない、巨大なエネルギーを持った、この白人のロックンロール・スターに熱を上げる。その親達は、そんな娘を叱ったかもしれない。時が流れ、沢山の経験をして、何かを掴み、何かを無くし、少女達も大人になる。自分に見合ったパートナーを見つけ、息子、娘を、作る。もし、その子供達が成長し、パンク・ロックに熱を上げたとしたら、なんて言ったのだろうか？

一九五六年に一六歳だった少女は、二〇一七年現在には、七七歳ということになる。死んでしまった人もいるだろう。七七歳の少女は、エルヴィス・ファンは、元エルヴィス・ファンは、今でもエルヴィス・プレスリーを、一九五六年を思い出したりするのだろうか？　そんなことを考えながら、『エルヴィス、21歳』を買った。何年か前のことだ。今でも、たまに手にとってペラペラと眺めては、一九五六年のエルヴィス・プレスリーに、一九五六年の少女達に、一九五六年のアメリカに、会いに行く。

引き続き、一九五六年のエルヴィス・プレスリー。一九五四年に地元メンフィスの「サンレコード」からレコード・デビュー、翌一九五五年には、敏腕マネージャーのトム・パーカー大佐と出会う。一九五六年初頭にRCAレコードから「ハートブレイク・ホテル」をリリースし全米デビュー。またテレビ・ショーにも度々出演し、リズム・アンド・ブルースと、カントリーを混ぜ込んだロックンロールという新しいスタイルの音楽を演奏する、ブルー・スエード・シューズを履き、歌い踊るエルヴィスの姿に、若者は熱狂し、大人たちは眉をひそめた。九月に初出演し、八〇％以上の視聴率を記録したとされる、人気テレビ番組『エド・サリバン・ショー』では、歌う最中に下半身をよじらせるダンスが卑猥だと判断され、上半身しか映されなかった。

つまり、一九五六年のエルヴィスは向かうところ敵なし、完全に勢いに乗っていた。しなやかで、美しく、また力強く、自信があり、全ての細胞が躍動するかのように強烈な、色気、吸引力を、全く文化の違う民族が見ても分かるのではないかと思われる、圧倒的な、巨大なキラメキを、はっきりと、全身から発している。それは、好き嫌いや、時代のタイミングということを超えて、生命体としてのエネルギー、抗うことが出来ない力である。つきつめれば、人は、なんらかの大きなエネルギーに惹かれるのだろう。

一九五七年のエルヴィス・プレスリー。大人たちが一時の流行だと願ったエルヴィス・フィーバーは続き、ヒット曲を連発し、アルバムはミリオン・セラー、主演映画もヒットする。メンフィス郊外にグレースランドと名づけられた広大な敷地を持つ豪邸を購入し、メンフィスマフィアと呼ばれることになる、八人ほどで構成される、エルヴィスの髪型、服装をそっくり真似た友人たちを住まわせる。メンフィスマフィアはボディガードや運転手という名目で給料が払われ、ツアーにも同行し、フットボールで遊び、スロットカーで競走し、グレースランドの中をオートバイで駆け巡った。そして、敷地の周囲に集うティーンネイジャーの女性ファン。ビリヤードに、ジュークボックス。甘いソーダ水、終わることのないパーティー。

一九五八年、エルヴィスは徴兵され、それから二年間の任期を務め上げる。復帰後のエルヴィスは、パーカー大佐の戦略もあり、大衆志向のバラードを中心とした脱ロックン・ロール路線を打ち出した。その後も主演映画はヒットし続けたが、実際の所、エルヴィスの映画はアイドル映画であった。

エルヴィスの母親は肥満に悩んでいたとされるので、遺伝もあったのだろうか、それとも甘いソーダ水を飲みすぎたのか、気がつけば、いつの間にか、エルヴィスのシャープでしなやかだった身体にも不要な肉が多く付いていた。

小さなラジオのボリュームを　エルヴィス・プレスリー　其の参

一九六〇年代のエルヴィス・プレスリーは、敏腕マネージャーのパーカー大佐が結んだ長期出演契約により、年に三本のペースで、主演映画を撮影し続ける。その間に、時代は少しずつ、しかし確実に変わり始めていた。一九六二年に、ボブ・ディランがレコード・デビュー。同年、イギリスのバンド、ザ・ビートルズもレコード・デビュー。そして、アメリカが参戦したベトナム戦争も次第に激化。つい数年前に、若者の切実なヒーローだったエルヴィスは、気がつけば、時代の切実さと乖離したハリウッド・スターになっていた。

一九六五年八月二七日、エルヴィスとザ・ビートルズが、ロサンゼルスのエルヴィス邸で、一回きりの世紀の対面を果たした。半世紀以上が経ってしまった現在では、取り決めにより、録音はおろか、写真撮影さえ一切行われなかったという、その夜の模様、伝え残される話の真偽を確かめる術はないのだが、それはおおよそ以下のようなものだったという。アマチュア時代には多数の楽曲をカバーするなど、メンバー全員、エルヴィスは憧れの存在だったというビートルズ、特にジョン・レノンは「ハートブレイク・ホテル」を聴いて衝撃を受け、「一度耳にしてしまったら生活のすべてになった。ロックンロール以外のことなど考えられなかった」と語っていた。しかし、反戦運動、平和活動に熱心だった反体制的思想のジョンは、保守志向で、すっかり権力側に飼いならされているかのようなエルヴィスに「何故つまらない映画にばかり出るのか？　また昔のようなロックン・ロールをやらないのか？」と訊き、場を凍らせ、ロックン・ロールの王様エルヴィスも、緊張し、かしこまるビートルズの面々に「君たちがこのままずっと黙って見つめてるなら僕は寝てしまうよ」と返す。また、ジョンは「僕はあなたのレコードを一枚も持っていません」と話したとも、帰り際に、アドルフ・ヒトラーの物まねをして「キングよ、永遠なれ」と大声で叫んだとも伝えられている。

エルヴィス・プレスリーは、ミュージシャンでありシンガーなのだから、根源的に、もしくは最終的に、楽曲、歌声が全てなのだが、エルヴィスの死にも立ち会えていない世代としては、どうしてもエルヴィスから、二〇世紀のアメリカ、エルヴィスがいたアメリカ、エルヴィスが輝いた時代のアメリカ、という連想も禁じえない。強いアメリカを象徴する存在としての、燦々と煌くエルヴィス。そして、少し疲れてしまったエルヴィス。

エルヴィスのスタイルは、ロックン・ロールは、多くの模倣を生み、現在ではスタンダードになり、その魅力も伝わりにくくなっているかもしれない。しかし、一九五六年に、世界中の少年少女の小さなラジオのボリュームをほんの少しだけ上げさせたエルヴィスは、二〇世紀最高のポップ・スターだった。

キャメラが映すもの　映画『コミック雑誌なんかいらない！』

人間には沢山の欲望がある。そして、その欲望がヒトという生物を進化させ、沢山の発展を遂げたのだろう。根本的な、人間の持つ欲望の形、大きさに、さしたる変化はないのかもしれないが、インターネット、ソーシャル・ネットワークの発達により、様々な、本来なら秘められていた欲望や、恥ずべき欲望まで、以前より可視化され、またメディアは、その欲望を刺激し、煽っているように思われる。それは、虚栄心、妬み、野次馬精神、その他諸々だ。

『コミック雑誌なんかいらない！』は、ロックン・ローラーの内田裕也氏が、企画・脚本・主演を担当し、一九八六年に公開された映画である。監督は、後に『おくりびと』で、第八一回アカデミー賞の外国語映画賞を受賞する滝田洋二郎。歌手や、年越しイベント「ニューイヤーロックフェスティバル」のイメージが強い裕也さんだが、この映画では、じわじわとした存在感を発揮する演技を見せ、また、ピンク映画を撮っていた滝田を一般映画の監督として起用するなど、プロデューサーとしての冴えた能力も発揮している。

芸能レポーター役の裕也さんが、一九八五年に起きたワイドショー・ニュースを取り上げていくのだが、その中には、実際の事件の取材現場でゲリラ撮影したシーンも含まれているという。山口組と一和会の抗争を取材に行くシーンは、実際に本物のヤクザの事務所を取材しているようだ。ロス疑惑で騒がれた三浦和義も、本人役で登場し、レポーターの裕也さんがアポなし取材する場面は、どこまでが演技なのか判断が不可能な、リアリズム溢れるワンカット長回し。三浦和義が「あなた達メディアが視聴者の代表なんてのは思い上がりだ、面白ければ何でも良いんでしょう?」との言葉を浴びせる。

郷ひろみ、桃井かおりといった豪華出演陣の中でも、強烈な存在感でインパクトを残すのは、豊田商事会長刺殺事件の犯人役、ビートたけしだ。ペーパー商法、悪徳商法で社会問題となり、マスコミ取材班が集まっていた豊田商事会長宅前に、自称右翼の男二人が現れ、マスコミが見守る中、窓ガラスを割って会長宅に侵入、そして刺殺という衝撃的な事件の犯人を、当時三〇代後半、脂が乗り切って、ギラギラとした色気、静かな狂気を発するたけしが演じる。ワイドショーが生放送で映し出す、衝撃的な場面を見ているかのような緊迫感。そして、画面のこちら側、安全な場所でそれを眺める私達視聴者。

人は自分が知りたいことしか、知ろうとしない。人々の欲望、それに答えるメディア、そして、溜飲を下げる人々。メディアの作り出す欺瞞。裕也氏が、虚実入り混じり、ユニークで挑戦的なこの映画で描いたのは、判断する力、判断しようとする意思、メディア・リテラシーというものだろう。それは、今、より私達に必要なものである。

感謝――アゲイン・サムウェア　雑誌『POPEYE』

二〇一二年の春、『POPEYE』がリニューアルしたときから始めたこの連載も今回で最終回になります。関係者の方（いつも原稿遅くなりすみません）、読んでいただいた方、ありがとうございました！

（もう忘れてしまった方もいるかもしれませんが）一度死語になっていた「シティボーイ」という言葉、タームも復権し、人気を博す『POPEYE』の片隅で、幾分浮いていた地味な連載ではありましたが、たまに「読んでいます」などと言っていただけるのは、励みになりました。

元々、色々なものに興味を持つと、調べたりするのが好きだったのですが、この連載がまた良い機会になり、様々なものを取り上げ、学んでいけたのは自分にとっても実りの多いものでした。幅広い年齢層の読者がいると思われる『POPEYE』ですが、二〇代くらいの若い読者を想定し、ほんの少し背伸びするくらいの何かを取り上げるように意識していました。なので、そのチューニングがはまらないと、全然興味を持てなかったり、逆に当たり前すぎてつまらなかったかもしれませんが、何処かの誰かは、興味を持ってくれるはずだと、兎に角、淡々と続けていきました。想定読者層から少し距離があると思われる対象は、シンプルに説明的な紹介の仕方、また存在自体は皆知っているであろう対象の場合は、少しずらし、自分の解釈や、自分と関連した何かを絡めて書くようにしていました。自分の力不足もありますし、どのくらい機能したか分かりませんが、ほんのちょっとでも、それまで知らなかった何かに興味を持つきっかけを作れていたら、この連載も少しは意味があったかもしれません。

連載の途中の回でも書いたのですが、自分の知識や興味の問題もあり、取り上げる対象は(同国であるので、細かいニュアンスも理解しやすい)日本人や、音楽にまつわる人が多くなりましたが、タイミングがあれば、落語や、演劇、陶芸、など、もう少し幅広く、取り上げる事が出来ればとも考えていました。また、忌野清志郎、手塚治虫といった昔から大好きだった方や、小津安二郎といった大ネタも、いつか書けたらと思っていたのですが、残念ながら、取り上げるタイミングがないままになってしまいました。

と、いうわけで、最後に(これも一度取り上げたのですが)ムッシュかまやつ氏の「ゴロワーズを吸ったことがあるかい」、その3番の歌詞をもう一度。

「君はたとえそれがすごく小さな事でも　何かにこったり狂ったりした事があるかい　たとえばそれがミック・ジャガーでもアンティックの時計でも　どこかの安いバーボンウィスキーでも　そうさなにかにこらなくてはダメだ　狂ったようにこればこるほど　君は一人の人間としてしあわせな道を歩いているだろう」。それでは、また、どこかで!

ヴァリアス・コラムス

ぼくの好きなおばちゃん
巨大な塊
In The Midnight Hour
思い出野郎Aチーム『まだ何も始まっちゃいねえよ』ライナーノーツ
新感覚☆知的連想ゲーム「といえば」
PEOPLE'S TALKSHOW 告知文
二〇歳のころ
長いお別れの、遥か先まで
First Cut Is the Deepest
面白授業

ぼくの好きなおばちゃん

東横線白楽駅。駅から大通りへと降りていく道沿いの商店街。一本内側に平行して立ち並ぶ、戦後闇市時代から続くというアーケードの小さな店々。そして、大通りを越えた先には神奈川大学。と、いった街の構成。

もう随分前になくなってしまったが、映画館が二軒あり、確かそれは二番館で、絶妙にうらぶれた、しかし風情のある、所謂スタンダードな昭和の映画館で好きだった。今では数は減ってしまったが、古本屋も沢山あった。本の一番後ろのページに鉛筆で直接値段が書いてあるような、高級な本は、赤茶けたセロファンに包まれ、不機嫌そうな店主が淡々と本の整理をしているようなタイプの古本屋。自分の中で古本屋といえば、タレントのアナウンスを何度も聞かされるような店より、やはり、こういった店だ。こういう店の方が、本をただのモノとしてではなく、教養が、知識が、詰まった、今、ここではない何処か、誰か、の、何かの想いを封じ込めたタイム・マシーンとしての価値、佇まいを尊重しているように思う。生家が近かった私は、学生の頃、毎日のように自転車でこの街に行った。子供心にも、何かを感じさせる、惹きつける魅力があったのだ。

「その」店に初めて入ったのは、確か中学二年生の頃だと思う。友人のN君と一緒にいたのを憶えている。白楽の駅から大学に向かう商店街とは逆側に少し進んだあたりに、兎に角グチャグチャとした色彩の、ペンキをぶちまけた上に土着的な文様を描いたような、なんとも言えない強烈なインパクトを持った外観の店があった。異様というか、確かにそこにしっかりと存在しながらも、現実から乖離するかのような居心地の悪さがある。つまるところ、その街の、その場所から、そこはかとなく、だが、しっかりと「浮いている」のだ。興味を持ったので、入りたいなと思うのだが、完全に入りづらい。透明な引き扉の向こうには、本やレコードが見える。しばし躊躇したのち、特に興味もなさそうなN君にも「まあ、入ってみよう」と、声をかけ、入店した。そのとき、何を買ったのか、買わなかったのかは憶えていない。だが、それから白楽に行くたびに、その店には寄るようになった。N君はきっと、もうその店に行くことはなかったと思う。

その店が、それまで自分が知っていたCD屋と異なっていたのは、店構えや雰囲気だけではなかった。テレビから流れるようなポップス、つまり通常のCD屋でメインに展開されるようなものが一切なく、いつの時代の、どんな音楽なのか分からないような得体の知れないものばかりが置いてある。当時の私は、漫画家を目指していた小学生時代を経て、野球、プロレスを経由し、本や音楽に興味を持ち始めていた。テクノやヒップ・ホップが好きだったのだが、街のCD屋で探しても、端っこの方のコーナーに、わずか数十枚ほど、特にテクノはジュリアナ東京的なコンピレーションを含めても一〇枚あるかないかという有様で、渋谷まで出なければ、まともに自分が欲しいCDやレコードを買うのは困難だった。

「ゴクラク・レコード」という名前だと判明した、その白楽の店には、何か匂うものがあり、そして、実際にマニアックなテクノの輸入盤なども取り扱っていた。ボアダムズを知ったのもこの店に並んでいたからだ。見たことがないような、メチャクチャで頭がクラクラするようなジャケットのセンスに惹かれた。どんな音楽かは一切分からなかった。

店番をしているのは、眼鏡でオカッパ頭の女性だ。少し陰気で堅い感じの、古本屋の店主の様なタイプ。居心地が悪い感じも、同時に、客に干渉はしないような、気楽な雰囲気もあった。この「おばちゃん」が店主だったのだが、通っていくうちに、かなりの物知りで、インディーズ・ミュージックや様々な音楽に詳しいということが分かった。おばちゃんから教えてもらった音楽やレコードが沢山ある。特にUKダブには一家言あるようで、ジャマイカのダブが「土」なら、イギリスのダブは「鉄」、そこが良いと言っていた。

それから数年間、学生のうちは足繁くこの店に通い、多くのレコードやCDを買った。勿論、学生でお金がないので、買うかどうか何日も逡巡してから、エイヤッと買った一枚は、やはり心に残る。レコードやCD、テープ、エトセトラ、二〇世紀の産物ともいえる、物質に封じ込められた音楽の流通方法のメリットといえば――そのままだが、物質を伴っているということだ。何処の店で買ったかは勿論、下手をすると季節やその日の天候まで憶えている。

高校生くらいになると、音楽が好きな友達もこの店に通いだした。友達も皆「ゴクラクのおばちゃんが」と言っていたが、当時のおばちゃんはまだ三〇代くらいだったのかもしれない。

おばちゃんというにはまだ若い年である。しかし、子供の私達からすれば、年齢不詳の謎のおばちゃんであり、一目を置かれる、おばちゃん塾だったのだ。そこには、大きなメディアからは流れてこない、特別で刺激的な何かが、確かに存在した。そして、年に一度、年明けにだけ店番をしている、おじさん。掴みどころのない、これまたヘンテコなおじさん、その人が、どうやら旦那らしかった。

季節は流れ、大人になり、自分の音楽を世の中に出すようになり、また他の大きな街のレコード屋にも知り合いができ、次第にゴクラクに行くこともなくなった。店は健在だという噂は聞いている。おばちゃんはきっと同じオカッパ頭で、あの頃と同じように、店番をしているだろう。あの日の中学生の様なお客さんは今でもいるのだろうか？ 私が、何か気恥ずかしく足が遠のいているのも、あのおばちゃんを通して、中学生の自分に会うような気がするからかもしれない。

以下のいくつかは、風の噂で聞いた四方山話。ゴクラクは、三軒茶屋に今も存在する、いつ開いているか分からない、江戸アケミさんの「やっぱ自分の踊り方で踊ればいいんだよ」の看板で有名なレコード屋「フジヤマ」と繋がりのある姉妹店（?）らしい。そして、旦那のおじさんは、昔、神奈川大学の学園祭に裸のラリーズを呼んだ。とか。本当かどうかは分からない。答えは風の中。

私がアルバムを出したときに、ゴクラクと疎遠になっていることを知っている友達が、わざわざ、そのCDをゴクラクに渡しに行った。大きなお世話だが、自分から渡しに行くことはなかっただろうから、それはそれで、実のところ、嫌なことではないし、それを分かっていて渡しに行ったのだろう。曰く、おじさんが気に入っていて「あいつはやるな」と言っていたとのこと。ゴクラクのおじさんが楽しめるものを作れたのは素直に嬉しかった。と、いうよりもゴクラクのおじさんが聴けないような子供だましのもので、調子に乗っていたら中学生の自分をも裏切ることになってしまう。

数年前におじさんは亡くなったという。おじさんの遺言にしたがって、おばちゃんは、ガンジス川におじさんの遺骨を流しに行った、と聞いている。店は営業を続けているはずだ。今も、じゃがたらの全アルバムは、欠品することなく、すべて取り揃えてあるだろう。時は流れ、人はまた去る。思い出だけを残して。と、きは、流れ、人はまた去る。だけど、口笛を鳴らせ！一緒に楽しもうぜ！　お前の考えひとつでどうにでもなるさ。きっと。

普通ならここで、この店がなければ、色々な音楽との出会いも、今の自分もなかったと締めるところだろうが、私は、そうは思わない。何かが少し変わっていたかもしれないが、別にたいして変わらず、私は今、音楽をやっていたかもしれない。しかし、そこに、ぼくの好きなおばちゃんがいて、中学生の自分が知らない、こうでなくてはいけないという形とは違う、何か、大袈裟に言えば、生き方を、その匂いを感じさせてくれたのは事実で、おじさんになった自分は、いつかの自分に似た誰かの、ぼくの好きなおじさんにならなくてはいけない、とは思う。タバコを吸いながら、キャンパスに向かう、職員室が嫌いな、おじさん。

大事なのは、その異界への扉を開けるかどうか、好奇心と勇気、そして懐疑心。世界をどんな角度で眺めるのか。だ。さて、自転車に乗ってレコードでも買いに行こうか。

巨大な塊

旅人は歩いている。何処か見たこともないような場所を。トボトボと。反逆心とチャレンジ精神が旺盛なので、あえて、歩行に最適な靴は無視して、適当な、というか、わざと歩行に適さないボロボロのゴム草履を履いて。それどころか、自分の体の何倍もあろうかと思われる巨大で不気味な塊を背中に抱えているではないか。謎のゴツゴツした塊は、その大事そうに扱う素振りから見ると、大変貴重で価値のあるものなのかもしれないが、一見、と、いうか誰が見ても、ただの不気味で不必要に巨大な、塊だ。歩行に適さない靴や装備は、まだ兎も角として、巨大な塊を置いていけば、もう少しは歩きやすいだろうに、頑なに、それをしようとはしない。その塊を運ぶ意味を分かっているのは本人だけなのかもしれないし、もしかしたら、本人もその意味が分かってないのかもしれない。謎のベトベトした液体を時折噴出する、その塊は、呼吸するかのように、時に膨張し、時に収縮している。

まず、旅人自体が一筋縄ではいかない男である。シンプルで無邪気な少年のようでも、思慮深く知識豊富な老人のようでもある。友人や、知人は、多いようにも見えるし、もしかしたら凄く少ないのかもしれない。しかし、どうやら一目置かれているらしい。単純にチャーミングで、面白い男であったたし、旅人自体も人を喜ばせるのは好きなようだ。フットワークが軽く、物事の理解力の高さと速さ、そして、勇気を持っていた。つまりは、人気者だったのだ。だが、旅人にはやることがあった。どうしても、やらなければならない事があった。旅人自身も、気候も良く、自然も綺麗で、美しい女の多い、あの村に定住しても良いのかもしれないと、正直、考えたこともあった。だが、やらなければならないことがあった。巨大でベトベトしてヌルヌルしてゴツゴツした塊を運ばなければならないのだ。村の女は聞く「これを何処へ運ぶのですか?」、「そんな事をして何の意味があるのですか?」。正直な所、旅人も、他者を納得させられる、自分も納得する、その答えを持ち合わせていなかった。重い。ただただ、重い。潰れてしまいそうなほどに重い。少し考えたが、何も言わずに村を出た。

確かに、その時代には、様々な色や形の岩を鑑賞する嗜みが流行していた。だが、せいぜい掌に乗る程度の大きさから、大きくても両手で抱えられるほどのもの、また綺麗に苔の生えたものや、ツルツルに光った岩盤を持ち合わせているもの、など、家の中や、道の角に飾り、万人が美しいと思えるものが好まれた。旅人が運んでいる塊は、まず、あまりにも大きすぎるし、エネルギーを感じさせると言えば聞こえが良いが、むしろ、むき出しの生命感がマグマのように渦巻き、見るものを圧倒する。極端だ。嗜みや、鑑賞のレベルを超えている。

多くの年月が流れた。旅人は、まだ歩いている。少し、塊の運び方に慣れてきたようにも、塊を運ぶことに嫌気がさしているようにも見える。そして、多くの山を越え、谷を越え、沢山の村を抜けた。その中で、旅人の行為、そしてその極端に巨大な塊を、支持する者も少なからず存在した。いや、むしろ、ある街では英雄の様な扱いを受けたこともある。旅人の行為のマネをした数十人の若者が、巨大な岩に潰されて死んだ。だが、逆に、それよりもさらに多い数の若者、狩も出来ない、数学も出来ない、寝てばかりで不要者扱いされていた若者が、石運びを覚え、また、その石を奇妙な形に積み上げたり、草木の汁を使い染色し、その美しさを競い合うといった行為に熱中し始めたのだ。

旅人は、若者が喜びを見つけたことを嬉しく思った。なにより嬉しかったのは、独自の発展を見せたことだ。色とりどりの落ち葉を切り貼りして、想像の楽園を描く者、様々な太さの木の枝でリズミカルに川の水面を叩き、喜び、悲しみ、といった感情を表現する者。上手な者も、下手な者もいた。だが、それで、良い、と、思った。小鳥のさえずり、木々の揺れ、そして生命の鼓動。

潰れかけのラーメン屋のカウンターのようにベタベタした巨大な塊を頭の上に乗せた旅人は、ほんの少し嬉しかった。若者の自発的な行動もそうだが、Hでおきゃんな村娘が旅人の事を好いていたからだ。旅人の頬が緩んだ。気持ち悪く弛緩した顔を誰かに見られていないかと、辺りを見回す。大丈夫、誰も居ない。旅人は、心ゆくまで、ふくよかで艶めかしい村娘の太腿の事を反芻した。

村娘には許婚がいた。荒くれ者で有名な豚吉という男だ。決闘をすることになった。豚吉はギターという名の、見たこともない武器を持っている。土台となるひょうたん型の木に、長く細い紐のようなものが数本括り付けてあり、それを指で擦る。すると不思議な音がした。「ずるいぞ！」、旅人は叫んだ。すると豚吉は、そのギターという武器を旅人の前に放り投げた。使えるものなら使ってみろという意味だ。とっさに、塊を投げ捨てた。数十年ぶりに旅人の手を離れた塊は、地面にぶつかり砕けた。正確に言うと、割れた。割れた塊の中には、ドラムという機械が入っていた。ベトベトしていたのは、そのドラムという機械の座る部分、椅子という装置の皮の部位が熱により溶けて、塊の外側まで零れ出ていたからだ。「なんだ、これだったのか」と思ったが、ドラムという機械は無視して、ギターを手にした。触ってみたかったのである。どうやったら、豚吉のように音が出せるのか皆目見当がつかない。しかし、ここで上手く音を鳴らさなければ、村娘に嫌われてしまう。旅人は姑息な提案を思いついた。「やい、豚吉、俺がギターで音を鳴らすから、お前はドラムを叩け！」。このドラムという機械を豚吉が上手く扱えるはずがない。豚吉がドラムを研究している間に、自分もギターの扱いを覚えれば良いのだ。一瞬の静寂。風が吹きぬけ、二人が睨み合う。旅人と豚吉は同時に叫んだ。「では、聴いてください、Rollin' Rollin'」。

チェック、チェック……、ジーーー、ジィッ、ジーーー、行き場のない夜が、なんとか行き場を探すように、ぼろいダイアルを回して……、特定の電気周波数に、に、ジーーー、に、おぼろげな輪郭がだんだんと焦点を定めて、その声がはっきりと聞こえれば、ば、「今夜も始まりました！　真夜中の夜間飛行！　素敵な音楽と軽快なお喋りでお届けする素敵な二時間のプログラム！　お相手は私……」成功です。

と、いう光景が、世界中のどこかで、今日も今も、有るのか無いのか分かりませんが、〈アナログ・メディアのノイズにだけ宿る精霊〉というのは、非常にやっかい、かつ、ある種抽象的な存在ではありますが、特定の好事家の間では「妖怪やツチノコよりも遥かに現実的な観念なのでありまして」と囁かれ、また某団体の長年の研究の結果としても「ロックン・ロールの、〈ン・ロール〉の部分を担う主成分であり、雑音のはいらないクリーンな状態をつくりだすということは、すなわち、なんとも曖昧で、また重要なあいつらの入る隙間をそいでいっていると言う事なのです。あいつらは不要なものなんかじゃないんです」との見解が出ております。

つまり、その曖昧な何かをいかに見定めるか、捕まえるか、スリスリしちゃうか、ペロンペロンしちゃうか、が、ゆくゆく問われることを前提として、しっかりと、いや、流石にいきなりしっかりは無理で、多少……、いや、多少というか、実は相当曖昧ではあるのですが、出来る限りで、しっかりと包み込んでみたりするのです。息を潜めて、想像するのです。それを。形を、感触を、色を。幻のようなそれを。何度も何度も、確かに掴んだと思ったらスルリと掌の間を抜けて消えてしまっても、そこになんの意味もない……、のは、多少辛いですが、ほんのほんの僅かにでもそこに薄明が見える限りは、空っぽの空を見上げるでもなく、薄汚れた地面を見るでもなく、ただ、ただ、目を閉じてすべてを誠実に見るしかないのです。手間はかかるし、面倒くさくて、もうどうでも良いかなと何度も思うのですが、その度に「手間がかかって、面倒で、どうでも良いから楽しいんじゃん」と。行き場のない声の、行き場は、すぐに見つかってはいけないのです。きっと。だから今宵も、チューニングの隙間に潜んでいる何かを……何かを……ZZZ。

思い出野郎Aチーム『まだ何も始まっちゃいねえよ』ライナーノーツ

・思い出野郎達の思い出。夢のあと、または暑い夏の記録。

今、あなたが手に取っているこのアルバムは今からもう半世紀も前、二〇一四年のある熱い夏の日の夜のライブ・レコーディング、そしてその音源に、メンバーの息子達のバンド「トイザウルス」の面々がオーバー・ダビングを重ねた、時を越えた親子競演盤であり、また二一世紀前半の音楽の息吹を伝える貴重な音源である。

「ある日、亡くなった親父の荷物を整理していて、見たこともない記録チップを発見したんだ」。思い出野郎Aチームのバリトン・サックス、マスダの息子で、「トイザウルス」では司会進行や手品で活躍する、シンちゃんが高揚した口ぶりで語る。無理もない、つい五〇年ほど前とはいえ、二一世紀初頭の記録のほとんどは、あの忌まわしい戦争により焼失してしまった。ダウンタウン・ブギウギ・バンド、氷室京介、たま、といった幾つかの二〇世紀の偉大なミュージシャンは今でも絶大な人気を誇るものの、戦前の音楽に触れる機会が年々減っていることは否めないだろう。

シンちゃんが見つけた記録メディアは後の調査で、二〇世紀によく使われたカセットという磁気テープの記録メディアと判明。池尻大橋駅前の山正という業者に持ち込まれ、無事データに変換された。

・運命を分けた「骨付きチキン」と南米ツアー。

ここで、思い出野郎Aチームの偉大なキャリアをもう一度振り返りたいと思う。近年では「セクシー・ギャルズ」のメンバーも影響を公言し、何度目かのリバイバル人気も加熱しているが、その道程は波乱万丈なものであり、数々の研究本でも扱われているように、二一世紀初頭の文化風俗を体現し、またその後の五〇年の音楽形式にも多大なヒントを残した日本が世界に誇るロック・バンドである。

二〇〇九年に美術大学の同級生で結成された思い出野郎Aチーム、当初はバイオリンと小太鼓を中心とした編成で、ジャズのスタンダード・ナンバーを演奏していたという。町役場の喫煙室、駐車場の隅、プールの脱衣所などでのゲリラ・ライブを繰り返し徐々に知名度をあげていくものの、ものまねや腹話術を駆使したライブ・パフォーマンスのみが話題になることに嫌気がさし、エレキ・ギターの導入を決意。音楽性は次第に、サイケデリック・ロックの色を強めていく。二〇一五年には、メンバーが当選した宝くじの賞金四億円を使い制作されたファースト・アルバム『イマジン』を発表。シングル・ナンバー「骨付きチキン」は大ヒットし、当時、大晦日に行われていた国民的音楽番組『紅白歌合戦』では、脱糞、お手玉、分身の術など、ジャズ時代以来、封印していた過激なパフォーマンスも飛び出し、国民的な人気を確固たるものとした。その後、歌舞伎のメイクでの歌謡ロック、石の演奏のみでのビートルズ・カバー・アルバム、宇宙との交信を目標とした、富士山頂での三ヶ月にも及ぶシンセサイザー演奏を一〇〇枚組アルバムで発表、と、数々の果敢な試みで、日本の、いや、世界の音楽史に名前を残したのだった。

しかし、転機は突然おとずれる。二〇二〇年のある夏の日、夢はあっけなく散った。毎年五回も行われていた、恒例の南米ツアー中に、メンバー全員が突然死。その死因については未だに不明で、死体も、正式な検査も済まないままに火葬されてしまったという。CIAの関与も噂されるが、北千住でメンバーを見た、「黒蜥蜴」のプロデュースをやっている、隠れて何十年もアルバムを録音しているなどの真相不明の情報も後を絶たない。そうして、思い出野郎達は伝説となり、今では皆の思い出の中でだけ生き続けることとなったのだ。

・「まだ何も始まっちゃいねえよ」、母さんのためならエンヤコラ。

このライブが行われた二〇一四年は、「鍵盤楽器演奏禁止令」「弦楽器演奏禁止令」「パソコン使った音楽禁止令」等が政府から公布される直前であり、つまり戦前で一番最後に、人々が心から音楽を楽しめた夏である。江ノ島のオッパーラというクラブで行われたイベント「ソウル・ピクニック」には、当時の思い出野郎Aチームの友人を中心とした出演者が、夏の夜のダンス・パーティーの為に集まった。八月一六日の夜中のことである。親戚のおじさん、元彼女、その友達、耳の早い音楽リスナーなど、約一五人を集客した。出演者の数の方が僅かに多かったが、お酒を酌み交わし、テンションがあがったメンバーが、火を吹く、何度もハイ・ジャンプを繰り返す、友達の女の子にスキンシップと見せかけて実はエロい気持ちでボディ・タッチをする、などの盛り上がりをみせ、初期の思い出野郎Aチームの中でもベスト・ライブの一つとして語り継がれている。

バンドとしては、ファースト・アルバム録音以前の、まだ一般的な知名度は全くなかった時代だ。しかし、メンバーの加入脱退を繰り返し、多いときは五〇人編成になるなど混乱を極めていた通称〝おむすび時代〟を抜け、オカジマ（ドラム）、ゲン（パーカッション）、ナガオカ（ベース）、サイトウ（ギター）、ミヤモト（キーボード）、マスダ（バリトン・サックス）、タカハシ（ボーカル、トランペット、腹話術）の黄金の七人が集結し、勢いのあるタイミングを記録した貴重なライブである。

文字数の都合で各曲に詳しく触れることは出来ないが、「骨付きチキン」的な疾走感をすでに感じさせるスカ・ナンバー「キル」、夜が終わって欲しくないという気持ちをソウルフルに歌い上げた「side-B」、ジッタリン・ジンとベートーベンをマッシュアップしたキラー・チューン「母さんのためならエンヤコラ」など、ファースト・アルバムに収録されなかった思い出野郎の楽曲を満喫できる。そして前述したように、それらの貴重なライブ録音にトイザウルスのメンバーによる演奏も加えられている。曲によってはトイザウルスの演奏の上に、原曲のタイトル「TIME IS OVER」を連呼しただけといった、ほとんどカバーのようなアプローチもあるが、概ね、鉛筆を転がす音や、歯磨きの音、ギロ、などの必要最小限の音のみがオーバー・ダビングされている。

「親父達の若いときの貴重な音源を汚すことだけは絶対にしたくなかった」とシンちゃんは語る。そして、その試みは成功している。半世紀以上前の素晴らしい演奏に、現代的な解釈も加わり、唯一無二のコラボレーション・アルバム『まだ何も始まっちゃいねえよ』が完成したのだ。

・未来の思い出。ヒューストンに落ちた星の行方を追う少年。
このアルバムのプロモーション・データを貰ってからというもの、朝のジョギング中に、昼の食事時に、セックスのBGMにと、様々なシチュエーションで聴いたが、その度に全く別の聴こえ方をする、思い出野郎Aチームの残した二五枚の、どのオリジナル・アルバムにも勝るとも劣らない、素晴らしいアルバムだと断言できる。私が今までに聴いてきたどんな音楽とも違う、思い出野郎にだけ描くことが出来る魔法の世界。終わることのない甘い思い出。グルーヴとグルーヴの隙間に浮かび上がり、やがて爆発する生の歓喜。稲妻のように時を切り裂く管楽器、おばあちゃんが直してくれたズボンのようにしっくりくる打楽器、心の奥に深く突き刺さる言葉。思い出野郎Aチームの新しいアルバムを聴くことが出来る喜びを、全世界に、いや、まずは近所中に、大声で叫びたい気分だ。「王様は裸なんかじゃない！」。

若者達よ、楽器を取れ！　鉢巻をギュッとしめたら、次は私達の番だ！「シールが上手く貼れないよ」なんて言ってはいられない。チキンの骨はもう君達に渡されているのだから。

「チキンの骨を拾ったぜ　骨付きチキンだ
シールは上手く貼れたかい？　骨付きチキンだ
のっぺらぼうが馬鹿を言ってる
アルコールで全部消毒だな
ゲームじゃないぜ　現実さ
その手を開いて見せてみろ
その手を開いて見せてみろ
エッチな女の子　大好き
エッチな女の子が大好き」

思い出野郎Aチーム「骨付きチキン」

新感覚☆知的連想ゲーム「といえば」

・ゲーム参加人数

回答者3人（もしくはそれ以上）

審議会2人

回答者は3人以上でも可能だが、あまり多くなると、ゲームのテンポ感が損なわれるので、3人もしくは4人あたりがベスト。公式ルールでは3人。

審議人は、1人でも可能だが、公平性のために2人が望ましい。

・お題として出されたキーワードに対し、「なになに」といえば「なにか」、を連想していき、回答者Aの連想した答えに対し、今度は回答者Bが、連想していく。

（例）

キーワード「可愛い」

回答者Ａ「可愛い」といえば「赤ちゃん」
回答者Ｂ「赤ちゃん」といえば「小さい」
回答者Ｃ「小さい」といえば「蟻」
と、進む。

基本、単語。文章は不可。ただし、その線引き、合否は、審議会の判断に委ねられる。
・連想に対し、それは「といえば」ではない、間違っていると審議会が判断すると、「物言い」が付く。

（物言い例）
回答者Ａ「可愛い」といえば「マリリン・モンロー」

この場合、マリリン・モンローを可愛いと思わない人も一定数いる、もしくは「可愛い」というよりも「綺麗」だと思う、として審議会から「物言い」が付いた。
審議会は、公平かつ冷静な審議をする必要があるが、あくまで審議人の裁量に任される。そのため、実際間違っていなくても「物言い」が付く場合もある。
また、逆に、嘘であったり、間違っている、信憑性に乏しいものでも、審議会から物言いが付かなければ、回答成立になる。回答者は、審議人の、知識、人間性も考慮し、解答していくことが好ましい。
物言いが3つ付くと、失格になる。

また、物言いが付いた場合、元のキーワード、このケースでは「可愛い」を、次の回答者が引き継いで連想することになる。

・これは凄い連想だと審議会から判断された場合「技あり」として得点になる。

（技あり例）
回答者A 「可愛い」といえば「うさぎの足跡」

この場合、「うさぎ」までは通常連想の範疇だが、その足跡としたこと、実際にうさぎの足跡は可愛いような気がする、などが評価され、「技あり」となった。
「技あり」が3本で、勝者となる。

なお、「物言い」、「技あり」ともに、審議会全員の承認を得る必要がある。
一人の審議人から「物言い」が出ても、他の審議人が「それは、物言いではない」と判断すれば「物言い」にはならない。
審議会は、公平かつ冷静な判断が義務付けられている。
・つまり「技あり」3本を取るか、自分以外の回答者が「物言い」3つで脱落すれば勝ちとなる。

「夏」といえば「暑い」といった、安易な回答を続けても「技あり」は狙えない。しかし、「技あり」狙いのひねった回答はそれだけ、「物言い」の可能性も高まり、他の回答者の傾向や、「技あり」の数、「物言い」の数を考慮し、回答を進めていく必要がある。
また、次の回答者の知識力、性格なども踏まえ、次回答者が連想しにくいキーワードを回答をすれば、次回答者の「物言い」の可能性が高まる。

(例)
「ミジンコ」
「素粒子論」
「ビタミンB」

つまり、基本的には、回答者の、知識、ボキャブラリーが高ければ高いほど、勝ちに近づく。

ただ、一概にそうとも言えず、とっさの連想力で「技あり」が浮かぶケースもあり、さまざまな戦術や運、偶然が複雑に絡み合うのが「といえば」の醍醐味である。

・連想時間、回答までの時間に一定の決まりはなく、審議会の判断に任されるが、著しく長い場合、審議会への心象が悪くなる可能性が高く、また知的連想の精神に基づき、迅速な回答が好ましい。

どうしても答えられない場合、「物言い」扱いで減点1ポイント。

回答後、回答者から審議会への説明、また審議会から回答者への質問も、認められている。

回答者の、発声、表情、間、なども、採点の評価材料になる。ただ、どのような回答態度が審議人に評価されるかは、審議人に任されるので、回答者はここでも、審議人を考慮して解答する必要がある。

・優勝者は、知的連想が得意な人として、褒められる。

以上が、新感覚☆知的連想ゲーム「といえば」の、大まかなルールである。そして、これから以下に、二〇一八年夏、東京は築地の料亭・真喜楽で行われた「新感覚☆知的連想ゲーム『といえば』　第3回全日本チャンピオン大会決勝戦」の模様を書き記す。

熱い熱い夏の日、幸運にも、五万倍の倍率の中から、一般観覧の権利を得た私は、史上最高の熱戦、そして歴史的な混戦となったこの戦いを、時に震え、時に涙し、また心地よい知的連想熱に浮かれながら見守った。現地に立ち会った者にしか分からない真実を、出来る限り正確にレポートしようと思う。この奇跡的にエキサイティングなゲームの魅力が、一人でも多くの人に伝われば幸いだ。

回答者A
我利勉太郎（ガリ　ベンタロウ）三八歳、男、自由業。第1回、第2回大会の優勝者。大学時代からクイズ研究会に所属し、数々のクイズ大会で優勝するなど、勉強量の多さ、多方面に広がる雑学知識と、自他共に認める「といえば王」。

回答者B
井豹つき子（イヒョウ　ツキコ）六二歳、主婦。初参加にして予選参加者三万人の中から決勝戦まで勝ち上がったダークホース、「まさかのイヒョウ」。

回答者C

視野弘子（シヤ ヒロコ）二八歳、グローバル・ジャーナリスト。留学経験を生かし、通訳、グローバル・コンサルタントとしても活躍。世界中のセレブとの交流を綴ったエッセイ集『ヒロコが覗いたセレブのウフフ』も発売中の「世界のヒロコ」。

審議人A

研力太（ケン リョクタ）八四歳、株式会社ケンズ・リゾート会長。リヤカーを引いての屑鉄回収業からスタートし、一代で年商五〇〇億の巨大企業にまで会社を成長させた。政財界、芸能界とも交流が深く、今回、その豊富な人生経験を買われ審議人に抜擢。

審議人B

銚市良夫（チョウシ ヨシオ）二九歳、フリーアルバイター。バンド「無意味神」のドラマー。今回、一般審議人の審査において、思い切りの良い審査、判断を評価され、チャンピオン大会の審議人に抜擢された。

事前の賄賂や密談を防ぎ、また、公平を期すため、審議人は当日に発表される。多くの知識が求められる審議人には、高齢者が選出されることが多い。今回、金髪の若者、銚市が、審議会に居たことに、軽くどよめきの声が上がった。

第一の連想ワードは、事前にインターネットを通じて集められた三〇万を超えるキーワードの中から乱数生成を使い無作為に選ばれた「蛇口」となる。

知的連想の精神に則り正々堂々と戦うことに回答者が同意し、敬礼の後、午後一二時丁度に取組が始まった。

ハイレベルな「といえば」が膠着状態に陥ると一つの取組が一二時間以上かかることもある。このチャンピオン戦がどんな戦いになり、何時終わるのかは、誰にも分からない。第一回答者である、ディフェンディング・チャンピオンの我利が、連想を開始する。


【我利】

「蛇口」といえば「水」

まだ審議人のキャラクターも見えないので、軽く流すように即答。チャンピオン、余裕の様子見。


【井豹】

「水」といえば「水滴」

いきなり、「といえば」として相応しいのか微妙なナックル・ボールだが、序盤だからか物言いもつかず、回答権は、視野へ。


【視野】

「水滴」といえば「儚い」

ニュアンスに重きを置いた回答。「技あり」はつかなかったものの、銚市が小さく「おっ」と好意的な声を上げたのを、我利は聞き逃さず。


【我利】

「儚い」といえば「人生」

先ほどの視野の回答を踏まえ、情感で攻める。研がフムフムとうなずくものの、まだ連想度合いとして踏み込み不足は否めず、「技あり」は付かない。銚市はとくに無反応で、お茶のおかわりをスタッフに要求。


【井豹】

「人生」といえば「お父さん」

審議会から「どういうこと?」との質問。「まだ緊張していて、よく考えず答えちゃったんですけど、私、二〇歳で結婚して、栃木から出てきて、夫、つまりお父さんと一緒にずっと四〇年間暮らしてきたんです。だけど、一昨年、お父さんが急に倒れて死んじゃったんです。

それで、今回、『といえば』に出たのも、お父さんに背中を押されたっていうか、お父さんがいつも『本当に好きなことをやりなさい』って言ってたんです。もちろん子供達も大好きで宝物だけど、やっぱり私の人生は、お父さんと過ごした時間というか、うん、お父さんだったなって」との井豹の回答に、昨年妻を亡くしたばかりの研がうっすら涙ぐみながら「技あり」。銚市もお茶を飲みながら「技あり」に合意。

早くも井豹が一本先取。我利が、まずいボールをパスしてしまったという顔で井豹を見る。気になったのは、井豹の目の奥が笑っていないことだ。もし、これが嘘の回答だったとしたら相当の強敵である。

［視野］

「お父さん」といえば「お母さん」

場の動揺したムードに煽られたか、即答したものの、審議会二人とも、考え込む。一見、成立していそうだが、本当に「といえば」なのか、シングル・ファザーの可能性もあり、また子供の視点から考えても、お父さんとお母さんは、「といえば」というよりも「対」の関係ではないのかとの意見が研から出る。三分間の協議の後に、「物言い」が付く。

視野、序盤で痛い「物言い」。物言いが多くなれば、「技あり」狙いの攻めの回答がしにくくなり圧倒的に不利になる。

【我利】

「お母さん」といえば「おっぱい」

チャンピオン、流しのタイミングと判断し、手堅い回答。厳密に言えば病気などにより乳房のないお母さんもいるだろうが、一般的に納得しやすい連想に、王者の貫禄。

その後、五周ほど、場の落ち着きを取り戻すかのように、的確で安全な「といえば」が続き、取組の肩の力が少し抜け出した。

そのムードを急速に変えたのは、井豹の回答だ。

【井豹】

「ビートルズ」といえば「ジョン・レノン」

今まで積極的に自分の意思を見せず、研の顔色を伺うかのような対応が多く、場の空気として、審議会の総意は研がコントロールしているという雰囲気が生まれつつある中、銚市が、瞬時に手を上げ、はっきりと力強く「物言い」を申し出た。

曰く、ビートルズはメンバー全員がソングライターであり、むしろ一般的にはポール・マッカートニーが作った曲のほうが知られており、個人の好みの話ではなく、ビートルズ「といえば」で、ジョン・レノンというのは成立していない。今でも毎晩、ビートルズの誰が優れているかという話題が世界中の飲み屋で話されている。そしてその話のもつれ次第では死者が出てもおかしくない、現在進行中の大いなる議題である。全く認めることは出来ない。との、銚市の強い意見に、研も賛同し、「物言い」が付いた。

これははっきりと、ドボンを狙った我利からの誘い球であった。勿論、事前に審議人の情報は与えられていないが、金髪、Tシャツにハーフ・パンツというラフな銚市の容姿、また取組中の態度から、バンドマン、そうでなくとも音楽に詳しい人物と我利は見抜いた。

何かの対象に詳しい人間と、詳しくない人間が存在した場合、詳しい人間の回答に、詳しくない人間が物言いする可能性は低い。

しかし逆に、詳しくない人間が、詳しい人間に回答する場合、「物言い」の確立は飛躍的に上昇する。

井豹は、ビートルズの音楽は多少知っていても、例えば「イエスタデイ」の作曲者は誰で、「ストロベリー・フィールズ・フォーエバー」の作曲者は誰かなんてことは一度も考えたことがないタイプである。

我利はそう読んだ。そしてその思惑は当たったのである。恐るべしチャンピオンだ。

そして、また数周した後、今度は視野が「ホテル」といえば「ロイヤル・コチン・ホテル」で、「技あり」を獲得した。視野が回答した時、その場にいる全員が「ロイヤル・コチン・ホテル」の事を知らなかった。その、審議会の固まった表情を見て、視野の独演会が始まった。

「インドのお金持ち、お金持ちといっても所謂成金、成り上がりとかじゃなくて、何百年も前からの名家で、一流の服に、一流の食事、小さいときから一流の家庭教師が何人も付いて、この世の全ての本当に良いものを知っている、本当のお金持ち、っていうか、まあ見たこともないような人たちや生活のことは想像が出来ないかもしれないけど、島とかいくつも持ってて、お家が世田谷区くらいの広さがあるような、そういう名家が、自分たちが泊まるためにだけに作ったホテルで、泊まれるのは、その友達っていうか、そのホテルに相応しい、本当のセレブリティだけなのよ。で、私は、あるお友達っていうか、ボーイフレンドの社長さんに誘ってもらってそこに泊まったんだけど――」と堰を切ったように、まるでロイヤル・コチン・ホテルの広報担当のように流暢にその長い歴史を語り、一〇〇人を超える使用人の個々の規律、優秀さの話に続き、ディナーで食べたフォアグラがいかに全生命の背徳感を一身に背負ったかのように美味だったかを語り出した辺りで、一五分が経過し、研と銚市は顔を見合し、「技あり」を与えた。

そのホテルが「といえば」として相応しいのか全く分からないが、我利も、井豹も、そして私も、会場中がこれは「技あり」なんだという気分になった。

このタイミングで、銚市がトイレに行きたいということで、中入り休憩が挟まれた。夢中で観覧していたので気が付かなかったが、取組開始からすでに三時間が経過している。

中入り中、素早く手洗いを済ませた我利は、さりげなく、しかし、しっかりと審議人の動向を観察している。僅かな情報からでも、「技あり」の可能性を上げ、また「物言い」の危険を少しでも回避するためだ。

井豹は、娘と電話している。お母さん「技あり」を一本取ったのよ。もし優勝したら賞金の一〇〇〇万円で、世界一周旅行なんてどうかしら、お隣の西村さんも誘って。いたって自然体の振る舞いだが、最初の技ありを取った後の笑っていない目の奥を忘れることが出来ない。

部屋に戻って来た視野は香水を付け直したようで、甘くやさしい香りが、うっすらと私の鼻腔にまで届く。視野のタイトなミニスカートから覗く太ももを、研が見たような気がした。視野はゆっくりと微笑む。研に近づき「中入り後もよろしくお願いします」と挨拶した後、耳元で何かを囁く。

ここまでで、我利は、「技あり」、「物言い」どちらも無し。井豹と視野は、二人ともに「技あり」一本に「物言い」一つ。

中入り休憩を挟み、「といえばジャンケン」によって、回答順を決めなおす。中入り後の回答順は、視野→井豹→我利に決まった。

視野が勢いに乗り始めている。それは誰の目にも明らかだった。自分がこのゲームの中で、何処にいて何をすべきかを分かっている。回答の速度、正確性が格段に上がった。

「東村山」といえば「一丁目」との視野の回答に、研が「技あり」を付け、何でという顔の銚市にも、「昔、志村けんという芸人がやっていたギャグがあって」と説明をした。銚市は「じゃあ、そのまんまじゃないっすか？」と「技あり」を却下した。

しかし、その後の、「スパイ」といえば「オードリー・ヘプバーン」で、視野は「技あり」を獲得した。事実は分からないのだが、オードリー・ヘプバーンには、第二次世界大戦中、ナチス・ドイツに抵抗するためにスパイ活動をしていたと言う話がある。

研はすぐに「技あり」、説明を受けた銚市は「へ〜、そうなんすね」と感心し、技ありに同意。視野が「技あり」二本で、ついに優勝に王手をかけた。

全世界に生中継されている放送用のカメラが、視野の顔を画面一杯に映し出す。

我利は確かに鉄壁のチャンピオンだ。押しの「といえば」も、引きの「といえば」も出来る。「といえば」出場者の中でも、練習量はトップであろう。世界各国のクイズ過去本から、少女漫画、歴史小説、地理に宗教、ドラッグにダイエット食品まで、ありとあらゆる幅広いジャンルの深い勉強量に、週に三度の「といえば」スパーリング会も欠かさない。その結果として、圧倒的に強い。しかし、その戦い方、さらに言ってしまえばキャラクターに華が無かったのは事実である。

モデルとしても活動し、社交界でも目を引くであろうアジアン・ビューティー、聡明でメディア映えもする視野が新しいチャンピオンになれば、放送局や、「といえば」関連企業にも膨大な利益がもたらされるのは明らかに思えた。

その時、会場に妙な静寂が生まれた。我利が拳を握り締め、正座したままワナワナと震えている。顔は紅潮し、うつむいた視線は畳の一点を凝視したまま動かない。

そして、突然立ち上がった。眼鏡を外し、部屋の隅に全力で投げ捨てた。それから通常時の倍の声量で視野と研を糾弾した。俺は見ていた。さっき何か話しただろう。どうせ、私を勝たせてくれたら、一緒に食事に行くとかなんとか、それとも、なんだ、寝るのか？

大体、回答者と審議会との交流、接触は禁止だぞ。ちゃんとカメラに記録されてるんだからな。違反だ！　違反！　失格！　分かる？　で、知的連想の精神に則って正々堂々戦うんだぞ、規約には無いけど、視野君、キ、キミ、シャツのボタン開け過ぎじゃないのかな。下着がチラッと見えているよ。ここは、神聖な場所だから、マナーとしてどうかと思うし、もし他の回答者の動揺を狙っているのなら、はっきり言って卑怯だ！　下品だ！　あと、研会長、私はあなたのことや、あなたの会社のことはずっと存じ上げておりましたよ。私利私欲の為ではなくて、より良い社会を作る為に運営されている素晴らしい会社だって。

それで、会長のインタビューも、テレビ番組の「偉人の横顔」で見て、僕は泣いたんです！ああ、この世界に聖人って本当にいるんだなって。未曾有のバイタリティーに不屈の精神。そりゃあ、こんな生き神のようなお方だから、女性にもおモテになられるでしょう。でも、もし会長が今でもアホな色仕掛け女なんかに惑わされたりしたら、世界中ががっかりですよ。

それから、テレビ局のアホどもも！　テレビを見ているアホどもも！　お前らは何も分かっちゃいない！「といえば」は、そういうものじゃないんだよ！　お遊びの、馬鹿共がキャアキャア楽しむようなものじゃないんだ！　戦いなんだよ！　知的連想を真に愛する者だけが戦える場なんだ！　有名になりたいとか、お金が欲しいとかじゃないんだよ！　ありきたりのそんじょそこらの「といえば」じゃ、つまらないんだよ。真に芸術的な「といえば」を、僕はずっと探してるんだ！　誰かに敷かれたレールの上を何の疑問も持たずに進むような、自分の頭で自分の「といえば」を考えることも出来ない愚民には分からないんだよ！　あ〜、嵌められた！　これは出来レースだ！　僕は認めないっ‼　絶対に認めない‼!

我利は泣きながら叫び、部屋中を動き回った。床の間に飾ってあった見るからに高価な花瓶が、倒れて割れた。放送用のカメラに気が付くと、近づき、撮るなと手でレンズを塞ごうとした。もつれ合うカメラマンと我利の背後に、視野が近づき「てめぇ！　アホな色仕掛け女ってどういうことだよ‼」と我利よりも大きく力強い声を上げ、我利を蹴り上げた。

そのしなやかな下半身の動き、シャープな足の軌道は、芸術的で、時が止まったかのようだった。一瞬だけ見えた視野の白い下着の残像が目に焼きつく。視野の足蹴りが下腹にクリーン・ヒットした我利は、死にかけの虫のように頼りなくヘナヘナと畳に沈みこみ、口からよだれを垂らした。

高揚した銚市が「もうやめろ！」と叫ぶ。

高価なカメラを触られたカメラマンは激昂し、倒れている我利に蹴りを加える。止めに入ろうとした大会関係者が大挙し、もみくちゃになっている。ドタバタの混乱の中で、研のカツラが外れ、視野がそれを拾った。

井豹だけが、今までと同じ姿勢で正座したまま、お茶をすすっている。

PEOPLE'S TALKSHOW 告知文

筑波について、私が知っていることはあまり多くはありません。しかし、昨年初めて訪れてから、大好きな、気になる場所の一つになっています。

綺麗に区画整理され、緑も多く、空が広く気持ち良い、筑波の土地ですが、一九六〇年代以降、大学が出来てから開発された歴史の浅い街です。そのため、昔ながらのお店は、(私が知る限り)あまりないのですが、大学都市ならではの、文化的な香りはあり、何かが起こる気配、良い予感も感じ取ることが出来ます。

その予感の息吹は、通称「マジック・ストリート」と呼ばれる一角にあります。わずか数十メートルの一角に、コーヒー屋さん、古本屋さん、飲み屋さん、雑貨店、カレー屋さんなどがあり、同じビルのテナントに入っています。どの店も、志を持った若い店主が経営していて、助け合い、お互いの店を行き来しているのです。声高に何かを掲げるでもなく、ファッションとして何かを消費するのでもなく、自分や、自分達にとって気持ちよく、無理のない、生活の形式を模索しているように見えます。それは、私の勝手な解釈ですが、マジック・ストリートに、とても気持ちよい風が吹き、慎ましくも確かな人と人の繋がり、お店と人との繋がり、とても誠実でお互いに気持ちの良い経済の循環が生まれている事は、きっと確かなことです。

Wikipediaによると、東京都心から約五〇キロメートル。東京都心から藤沢あたりの距離とそう変わらないのではないでしょうか？　つくばエクスプレス快速で、北千住から三五分。これまた、私の勝手なお節介ですが、東京に住んでいる友達や、これから友達になるかもしれないあなた、や、何かピンと来る方には、是非一度、つくばにも、マジック・ストリートにも足を運んでもらいたいなと思っています。

東京などの大都市には沢山の人が居て、沢山の物事が、日々起こっています。それでは、そうではない場所には何もないのでしょうか？　勿論、そんなわけはありません。それは、大都市に居るときとは、また違う目の使い方をしなければならないかもしれません。しかし、大都市で見えるものよりも、豊かな、しっくりくる、何かが見えるかもしれません。その目の使い方を覚えること（なんて名前にしましょう？）は、きっと、とても大切な事です。勿論、物が多いのが一概に良くないという話ではないのです。

その目の使い方（こういう時、名前がないと不便ですね）は、大都市でも（だからこそ？）有効に使えるでしょう。両手に沢山抱えていたのは、たぬきの葉っぱかも知れないし、押入れの奥の古い箱には、大事な何かがあるかもしれない。さらに言うと、その大事な何かよりもたぬきの葉っぱが良いと言う人もいるでしょう。……分かりやすく書くつもりが、どんどん分かりづらくなってきた気がしますが、まあ、そういうことです。私はそう思っています。

何か、面白いアイデアを、皆で考えられたら、そのきっかけになれたら良いなと思っています。

二〇歳のころ

スティーヴン・キング原作、ロブ・ライナー監督の映画『スタンド・バイ・ミー』、青春映画の金字塔です。初めて見たのは子供のときで、その後、事あるごとに見返していますが、何時見ても面白い普遍的な作品かと思うので、見た事があるという二〇歳の方も、再見してみると、また新たな発見や、前とは違った感情も生まれるかもしれません。

アメリカの平原、遥か向こうに伸びる単線路。木の上の秘密基地。それぞれ境遇の違う少年四人の友情。こう書くと、王道の青春要素ですが、大事なポイントは、月日が流れ、作家になった主人公ゴーディの回想録という物語の構図で、そのゴーディが「当時の私にとってはそれが世界の全てだった」と語る、小さな街から未だ見ぬ世界への秘密の冒険記です。また、「一二歳の頃のような友達を二度と持つ事はない」とも語ります。これに対する解釈は今でも難しいですが、子供の時には見飛ばしていたこの台詞に、「どういうことだろ?」と思い巡らせるようになったのは何時からだったのか? 二〇歳のころには、どう思ったのか……、は、残念ながら記憶しておりません。

少年時代は、一九五〇年代末の設定なので、全編に流れる当時の音楽、今で言うオールディーズ・ミュージックもこの映画の魅力の一つです。今思えば、同時期に公開された『バック・トゥ・ザ・フューチャー』と、この『スタンド・バイ・ミー』が、オールディーズに興味を持つきっかけでした。

昨年復刻された、吉野源三郎『君たちはどう生きるか』、漫画版も発売され、話題になっているようで、読まれた方もいるかもしれませんが、これも普遍的な一冊かと思います。主人公は中学生のコペル君ですが、二〇歳で読んでも大人になって読んでも、なにかしらの引っかかる部分があるのではないでしょうか。自分で経験するということ、学ぶということ、自分で考えるということ、時に必要とされる勇気、そういったコペル君が発見していく道徳、倫理観は、大人でも、実践し、実践し続けていくことは簡単なことではないのですから。

長いお別れの、遥か先まで

私は浅川マキのことを良く知らない。浅川マキが歌い続けた歌の軌跡を。浅川マキの描き続けた、闇にうっすらと浮かぶスポットライトのはっきりとした形を。浅川マキの感じたブルースを。浅川マキが感じた幸せを。だけど、月日が流れ、時代が変わり、自分が変わっても、洗っても洗っても決して消えない染みのように、どうしても消し去ることが出来ず、忘れることが出来ず、何度も何度も確かめるように、また、あのどこか居心地の悪い、硬い世界に触れたくなってしまうのだ。

浅川マキは一九四二年石川県生まれのジャズ・ブルース・シンガーだ。一九七〇年に寺山修司が作詞・構成で参加した、ファースト・アルバム『浅川マキの世界』をリリース。CDの音質に対して懐疑的であったため、一九九八年より新譜を発表しなかったが、二〇一〇年、ライブ公演で滞在中の愛知県名古屋市で亡くなるまで、生涯現役で三〇枚以上のアルバムを発売した。そして、黒い長髪に黒のロングドレス、黒いブーツ、後年はサングラス、自分を写すことを許したカメラマンは特定の一人、と頑なに一貫して自分の美意識を貫き通した人である。勿論、私の知らない、とてもとても多くの、事、物、やり方についてもその美意識を貫き通したのだと思う。コラム、対談、親しい人物の証言等を死後にまとめた一冊の本『ロング・グッバイ浅川マキの世界』によると、ステージを照らす照明の細かいニュアンスは勿論、客席の椅子の置き方一つにもいつも拘っていたという。きっと四〇年間、気を緩めず、しっかりと、恥じらいを捨てず、絶えず真剣な眼差しで、自分のやり方、自分の理想とする美しさ、フィーリング、を、描き続ける事を決して怠らなかったのだろう。そのスタイルと時代との距離間を縮めようとしないやり方は、時代錯誤ともとれるだろうし、時代を相手にしなくて良い確固たる美意識だともとれるだろう。だけど、経済発展によってどんどん（一見、もしくは表面的に）豊かになる暮らし、溢れる情報、清潔で安心の漂白された物事が溢れていく社会に対して、ある種亡霊のように、嫌がらせのように、翳りや憂い、心の奥のうっすらとした影、割り切れない何かを、はみ出してしまう何かを描き続けたのではないか？　などと言うと思い入れの強い邪推となってしまうだろうか。

『ロング・グッバイ』によると、ジャズやブルース、黒人霊歌とともに演歌も愛聴していたという。確かに、出身地石川県が面している日本海の荒い波、そこはかとなく漂う哀愁をも連想させる浅川マキの情感は、いくら西洋の文化、生活様式を取り入れても、最後に消し去る事が出来ない日本的な情念=演歌を感じさせる。しかし同書でも語られるように、ずっと六本木に住んでいた彼女は、同時にとても洗練された都市の感覚も愛し、そして表現にも通奏低音として、つねに都市生活者の立脚点があったように思う。流行に左右されないという、逆説的にスノッブなモダニズム。生き方。格好のつけかた。それは、時にどこか儚げで刹那さを伴うのだけど……。

浅川マキが描いた闇や影は、それでも、つねにそこからうっすらと見える僅かな光も描いていたように思う。そして、僅かな光は、闇の中からだからこそ、より一層、淡く、美しく、見た者、聞いた者の心に、強く残像を残すのだ。

First Cut Is the Deepest

新しいレコード。ジャケットの表と裏を適当に眺める。クレジットを適当に読んでみたりする。ふむふむ。シュリンクを破る。その時、力を入れすぎてジャケットにダメージを与えないように、上手い按配で。と、いってもそこまで神経質になるほどのことでもなく、まあ適当にシュリンクを破る。で、開いた。なので、レコードを取り出す。センターのラベルを眺める。ほうほう、と、タイトル等を再確認。一応、裏面も見る。後で聴く場合はそこでひとまず作業は終了で、沢山溜まっている未聴のレコードのコーナーの一番前に立てかける。翌日聴かれる場合もあれば、だんだんと未聴コーナーの後ろのほうまで位置がずれていき、数年後に聴かれるなんていう場合もある。まあ、深く考えず、タイミングというか呼吸というか、惰性で右から左に通り過ぎるように何百回も聴くよりも、たった一回だけ凄く心に残るタイミングで、シチュエーションで聴く、なんていうもの良いでしょう？　とか考える。

で、聴きます。特別な事情や、変態的な趣味、自己に特殊な任務を課している、誰かに脅されたた、などの事情がない限り、まあ普通はA面の一曲目から聴くでしょう。どうしてもそうしなければいけないという事はないのですが、作者としてもA面の一曲目から聴かれることを想定して作っているので、そこは尊重します。ただ、人によってはそういうシステム、しきたりを理解しておらず、何も考えず、エイヤ！　と適当な場所に針を落とす、それがたまたまA面の三曲目だった、B面の二曲目だったたというパターンもあるかもしれません。と、いうか、まず気をつけなければいけないのはレコードの中心のラベルにA面と書いてるからといって本当にA面とは限りません。どんなに利便化され、人々が知恵をつけても、人は間違いを犯す生き物です。戦争は無くなりません。A面の溝が刻まれている面に、間違えてB面と書かれたラベルが貼られてしまう。そのような可能性も決して少なくはありません。場合によっては意図的に分かりづらい仕様になっているという事もあるのです。自分にとっての当たり前は、皆にとっての当たり前ではありません。そこになんの意味もなくても、誰も喜ばないことでも、いや、だからこそ、それをやってしまいたい、もしくは、ちょっとやってみっかな？　的な出来心、嘲りの心、それらがあなたの心に全くないと言い切れるでしょうか？　しかし安心してください。ラベルの近くの一番内側の溝を注意深く見てください。そこにはプレスされたレコードの型番などが刻印されています。そこに「A」「B」などの盤面のクレジットが彫られているので、そこまで確認すれば安心です。……それも信用できないという用心深い方もいらっしゃるかもしれません。過去に連帯保証人になって多額の借金を背負わされた、毎日泥棒に入られる（身内の犯行の可能性が高いと思います！）などにより、人を信じることが出来なくなっているのかもしれませんが、信じてください。考えすぎです。その部分にAと書いてあった場合、もうAにしましょう。たとえ作者がB面だと思って作っていたとしても、もうそれは

Aです。刻まれていますから。レコード自体にAと。Aです。ドーン！

　話が幾分それましたが、聴きます。A面の一曲目から聴きます。自由な体勢で聴いて良いでしょう。寝転んでも良いですし、正座でも良いですし、逆立ちでも、宙に浮きながらでも構いません。好きにしてください。そこがレコードの良いところです。ライブ会場などでは他のお客さんもいますし、ある程度は好きに聴けても、人への迷惑というのがありますし、それを踏まえるというのが社会生活です。針を落とします。ここで初めて音が鳴ります。歌や楽器の演奏などの空気の振動をマイクロフォンで拾った音、コンピューターが生成した音、様々な音の振動が信号となり、溝に刻まれています。石油とかをこねて作られた塩化ビニールという材質に刻まれています。油田の方にも、遥か昔、油田を掘り当てた方にも、感謝です。エジソンにも、科学者の方にも感謝です。個々の思想の問題になりますが、アラーやキリスト、仏陀などに感謝するのもアリでしょう。このタイミングです。

　レコードは外側の溝のほうが物理的に円周が長いので音が良いのです。つまりA面の一曲目とB面の一曲目は、仕組みの話でいくと一番音が良いのです。しかも、新しい、けがれを知らぬレコードの溝です。誕生の喜び、生命の躍動、空気振動の神秘。そこで鳴り出した音に感動しない人はいないでしょう。遥か昔、ゴールドラッシュの時代、過酷な炎天下、油田での作業で命を落とした方もいるでしょう。それどころか、寂れた田舎街を飛び出して、油田での一獲千金を目指し大陸横断中に命を落とした方もいるでしょう。その全ての犠牲の上に進歩を遂げた塩化ビニール、そしてその溝が伝える振動を的確に音声信号に変えるレコード・プレイヤー、そして音声を増幅させるステレオやスピーカー、数え切れないほどの部品、そしてそれが開発されるまでの道程。もし、世界に、私が、あなたが、一人だったとしたら、一万年生きても、このような設備、レコードという装置を作ることは出来ないでしょう。もしかしたら特別に知能の高い優秀な方は作れるかもしれませんが、それは除外します。そういう事は考えるのはやめましょう。兎に角、信じられないような気の遠くなるような奇跡が組み合わさり、今、レコードから音が出ています。驚きと感謝、ただただ、それだけです。どのような曲かはもうこの際、小さなことです。無事に、立派に、音が出ている。それだけで十分じゃないですか。美しい。世界は素晴らしい。ありがとう！　ありがとう！

で、聴いているわけですが、今ひとつ好きじゃない曲だったら、適当に煙草とかを吸いながら、ふ～んとか思ってください。曲を飛ばすのだけは絶対にやめましょう。一度針を乗せたのです。乗ってしまったのです。出来る限り前向きに、ベストを尽くして、知恵を絞り、誠実に、聴くだけです。もう溝に針は乗ってますから。止めてしまうということ自体に、とやかくは言いません。ただ、それでも溝の行く末を見守るのみです。時にくじけることも、思い通りに行かないことも、あるでしょう。むしろその方が多いかもしれません。でも、やるしかないんです。立派に音が出て最後まで鳴り続ける、それだけで奇跡の様なことです。ほこりが溜まってしまい、A面の三曲目なのに針が飛んで、ずずっ～となって終わってしまうレコードもあるでしょう。針飛びを起こして同じ数秒が永遠に鳴り続ける事もあるかもしれません。また、A面が終わってB面に引っくり返すという制度を知らないという場合もあります。兎に角、感謝なのです！　が、あまり深く考えすぎてもしょうがないのもまた事実です。肩肘張らず適当に行きましょう。楽しみましょう。

無事、A面の収録曲が終わりました。引っくり返します。B面です。二枚組でC面やD面がある場合もありますが、そのことはまた別で考えるとして、今回はA面とB面のみです。これからB面です。ここで気が付きます。もう半分だと。レコードには収録時間が決まっているので、A面は二〇分だったけど、B面は三日、ということは有り得ません。全体の収録時間が長い場合も短い場合もありますが、長ければ良い、短ければ良いとも一概に言えません。それぞれの好み、思想、また偶然の積み重ねです。なるようにしかならないでしょう。残りが半分になって、やっとその事実を重く受け取ります。あと半分しかないじゃないか！　と。今思えばA面らへんはまだ事の重大さを理解しておらず、途中でトイレに行ったり、携帯のメールを返信しながら聴いていたから、正直三〜四曲目らへんどんなだったか全然覚えてないよ〜。なんてことになりがちです。でも、いいじゃないですか。それはそれで。楽しく過ごしていたのですから。一字一句も聴き逃さないように全部メモを取りながら聴くなんて野暮です。第一、A面はもう終わったんですよ。A面の三曲目のことを考えてB面の一曲目が終わってしまうなんて、それこそ馬鹿らしいじゃないですか。もうしょうがないんです。B面です。B面が大事です。ここからが勝負です。A面を踏まえたからこそのB面のバラード、と思いきや、またキャッチーなナンバー。B面のクオリティーがそのアルバム全体としてのクオリティーを左右します。A面は、まあ良い曲あります。普通。A面全部渋い曲でB面ヒットパレードなんてことは通常はありません。前半には推し曲を配置するものです。ただ、推し曲が沢山ある場合、A面、B面、全編に必殺の曲を配置するというマイケル・ジャクソン「スリラー」的なパターンもありますが、はっきり言ってそれはあまりにも稀なケースです。そりゃ、出しているほうは良い曲を作りたいですよ。作ろう作ろうとしても、アルバム一〇曲の中からシングル的な曲は数曲、それで普通です。頑張って、狙って、作れれば世界中に名曲の嵐です。そういう曲は、色々なタイミング、想い、心身の充実、もしくは逆に心身の不調、などが複雑に絡み合い、出来るわけです。出来たらラッキーです。また、人間が作るのですから、ちょっとこのごろやる気がしない、彼女がうるさい、『まんが道』の全巻セットを買ってしまった、などの様々な困難を乗り越えて製作しているわけです。

時は流れ、色々なことがあったな～、A面最後の曲のコーラス良かったな。B面の二曲目、リズムが凄く良いな。こういう曲、あの娘好きそうだな、B面、ほんとはバラードいらないな、とか色々思うことはあるでしょう。全てが全て、何から何まで、思い通りの曲が鳴り続け、終始夢の中、あっという間にB面まで聴き終わる。なんてことは、まあ、あまりないでしょう。が、イエ～！　フ～！　最高っしょ！　な勢いで走り抜けるという人もいるかもしれません。幸せ者です。しかし、特殊な才能の持ち主のケースなので無視します。話を戻すと、いよいよ、B面も最後の曲です。B面の最後、つまりアルバムの最後です。ここは、やはり接合性の問題です。大団円にふさわしいアルバムを象徴する曲で終わるパターン、またわざと毛色を変えて終演の雰囲気を裏切った曲調で行くパターン、短いオマケの様な曲で余韻を残すパターン。様々あります。様々な良さがあります。頑張りましょう。やはり気持ちとしては穏やかに着地といいますか、綺麗にまとめたいものですが、それはどうなったとしても受け入れましょう。もし最後の曲が自分が一番望まない、心の底から嫌悪するような曲でも、本当に本当に、どう考えてもしょうもない宴会芸のような曲でも、ここまで無事に、針は溝から音を拾い続けたんですから。

「あ〜良かった！　やっぱりレコードは最高だな！」

達彦は聴き終わったレコードをジャケットに戻す。もう一度ジャケットを隅々まで眺め、今聴いたレコードのことを思い返す。数秒、反芻し余韻に浸った後、レコード棚にレコードを戻す。そこには数十億、いや数え切れない数の、沢山のレコードがある。しかし、全てのレコードは一度しか再生されない。

面白授業

はじめまして。二九日の表現発想論で講義をさせていただく、やけのはらというものです。よろしくお願いします。突然ですが、皆さんはどんなものを「面白い」と感じますか？　ある人はゴッホの絵を面白いと思うだろうし、またある人は「それはつまらない。それは過去の表現だ。なんやかんや自分が今までの人生の中で一番面白いと思ったのはドラゴンボールだ！」と思ったりするでしょう。友達の顔が面白いと思う事もあれば、いつも通る道の木の角度が絶妙に面白いと思う人もいたり、時間という観念が面白いなと感じたり、世界は「面白い」に満ちています。その一つ一つを面白いと思うか、思わないかは、そのままその人自身の美意識の集積であり、アイデンティティーです。私は、「あのやり方が今流行っているからなんとなく面白いような気がする」、「これを面白いと思わないとダサい」などの外的影響に左右されず、自分の判断で、自分なりの（人それぞれ生まれた所も環境も違うのですから、本来、人の数だけのスタイルがあるはずです）面白いを見つけて、もしくは考えてほしいと思います。本当にそれは面白いのか？　自分はなぜそれを面白いと思うのか？　を。

自分なりの視点、モノの見方に優越はありません。それがど真ん中ストレートでも、信じられない変わったものでも、それは本来、排除されるべきものではないのです。また別の価値観の場所や時代に行けば、ある一つの当たり前の正解も、叱責されるような行為となります。つまり、人が生きるという事のみで言うと私には判断できませんが（皆が綺麗だというものを綺麗だと思えないのは困難が付きまとうかもしれませんね）、表現においては、少なくても私は、黄金率の計算の基づいた形、マーケティング・リサーチを踏まえた配色、などではなく、その人なりの、その人の声が聞こえるものに惹かれます。そして物を作るという事は、その面白さを世界にプレゼンテーションしていく必要があります。自分は面白いと思っていても、その面白さが誰にも伝わらなければ意味がありません（あまり伝わらないくらいが丁度良いとか、そういう美意識もありますが）。多くの面白いに気が付き、揺さぶり、自分の思う面白いを強化していかなければなりません。

技術や経験、コミュニケーション能力、なども何かを作り上げる上では大切な事です。ただ、根本となるのはその人のアイデンティティー、何を美しいと思うのか、何を面白いと思うかだと思います。技術や経験は何かを作り上げる時の表現の枠です。こんなに面白いアイデアがある、エネルギーがあるといっても、技術がなければそれを形に出来ません。ただ、特別な跳びぬけた技術ではない限り、その技術自体を物事の面白みの中心に置くことは困難です。

兎に角、私より若い生徒の皆さんの世代の思う「面白い」を教えて欲しいのです。私から見て意外に思う事も有りがちだなと思う事もあるかもしれません。私も皆さんの面白を教えてもらい、当日一緒に「面白い」という事について考えていければと思います。とびきりの、私も世界もビックリする様な面白いモノ（?）、状態（?）エトセトラ、を持ってきてください。誰も知らないような面白いモノを持ってきていただいても嬉しいですし、日常的なポピュラーなものを面白い見方で「なるほど」と唸らせるのも素晴らしいと思います。私としては、折角なので背伸びして考えて欲しいですが、あまり奇をてらうよりは素朴でも今の自分に正直に選んだものを持ってきて欲しいとも思っています。では、当日を楽しみにしています。よろしくお願いします！

（Q1）持ってきたモノ（?）は何ですか？　何処がどのように面白いと思うかを、私と他の生徒の方に説明してください。

（Q2）一〇年後に何をしていると思いますか？　何をしていたいですか？　その時、自分は、世界はそのような状態にあるでしょうか？

（Q3）一番、大切なものは何ですか？　出来れば理由も教えてください。

あとがき――もしくは長い言い訳

・まえがきの補足

いきなりですが、まず、前書きの補足を。後書きで、前書きの補足をして良いのか、私には分かりませんが、後書きに決まりなどないと思いますし、あったとしても、著者（＝私）が、書きたいなと思っているので、無粋かもしれませんが書かせてください。

小学生くらいのときでしょうか、遊んでいた野球のボードゲームが、次第に既存の状態では満足できなくなり、ボードゲームの球場に、自作の看板を作って設置するなどのカスタマイズを始め、さらにゲームの内容自体も、もっとリアルに、自分の操作、意図に左右されない、偶然性が入り込んだ試合展開にしたいと思い始めました。

まず、いくつかのサイコロを使い、その出目によって、ストライク、ボール、安打、ホームラン、などの結果が決まるシステムを考えました。そして、それぞれの選手の打率、長打率などを考慮し、その選手ごとに、サイコロの目と対応した結果リストを作り上げていきます。そうすると、それを選手ごとのカードに書き込みたくなります。さらに、野球は最低でも出場選手が9人ですから、このシステムを使って対戦するためには、9人×2チーム分のカードを作らなければなりません。と、なると、カードには前年の成績データも書き込みたくなり、やるならやるで全球団の選手分作るか、1シーズン分、試合をして、スコアとかもとっちゃうか、と、無限の夢は広がります。私だけの、パラレル・ワールド・リーグです。

そうして、数週間は、熱中し、せっせと自作野球ゲームの構築、製作にあたり、ついに完成。リーグ戦の開幕です。ですが、そこで、ふと気がつきます。これから百試合以上の試合を戦うのか……、うん、面倒だな、と。作ってる間、さらにいうと作ろうと思った瞬間が一番、熱が上がり、それから徐々に熱は冷めていっているのです。

夏休みは、夏真っ盛りよりも、初めのころがワクワクして楽しい。さらに言ってしまえば、夏休みが始まった瞬間が一番楽しく、そして始まった以上、早くも終わりに向かいだしている。と、いうようなことでしょうか。

凝り性であり、飽き性、という話の補足でした。

・まえがきの補足 その2

私が敬愛する伊丹十三氏は、名エッセイ集『女たちよ!』で、「私は役に立つことをいろいろと知っている。そうしてその役に立つことを普及もしている。がしかし、これらはすべて人から教わったことばかりだ。私自身は——ほとんどまったく無内容な、空っぽの容れ物にすぎない。」と、おっしゃっております。映画監督の父を持ち、戦時中に特殊学級で英語を学び、映画監督、俳優、エッセイスト、デザイナー、その他もろもろ13の顔を持つ男であり、その全てが一流、当代きっての粋な伊達男、インテリ、伊丹氏がこのように言うのであれば、空っぽの容れ物どころか、穴が空いて漏れ出ている容れ物のような私は、効率が悪くとも、せめてやれることをやるしかないのであります。そうしてなんとか、お節介を普及させていただく、と。

つまり、言うまでもないことですが、この本で、ああだこうだと書いていること、私がやっていることなど、自分で発見したことや、自分で編み出したものはほとんどなく、少しはあるような気になっても、本質的には、様々な出来事、人、作品、などに触れ、触発され、私にインプットされた、借り物の何かでしかないのです。

また、同じく敬愛するミュージシャンであり、もはや思想家である大瀧詠一氏の以下の言葉もよく思い出します。どこでの発言か忘れてしまい、初出に当たれず、うろ覚えでの引用なのですが、意味合いなど大きな間違いはないはずです。いわく、「１００を知るためには、１２０まで知らなければならない」。

効率が悪くとも、やるからには、やれるだけやらなくてはならない、という話の補足でした。

・まえがき集

前書きの話がやっと終わろうとしているところ、唐突ですが、この本を作っている期間に思い浮かんだアイデアをここで発表させてください。

それは「古今東西まえがき集」です。出来るだけ幅広い、古今東西、様々な作風の書き手の本から、前書きだけを集めた本。面白いと思うのですがどうでしょうか？　児童書、ビジネス書、画集に自伝、などから、前書きだけを集めるのです。年代や国も幅広いほうが面白いように思います。どこにも行かず、何かの始まる気配、始めるための準備だけがずっと続く、というのは、どんな気分になるのか興味があります。

オムニバスで、様々な作者の短編が纏まった本なども世の中にはありますし、前書きだけ借りてくることとって出来たりしないのでしょうか？　数が多いとライセンス料とかが大変なんでしょうか？　誰かが同じことをとっくに考えてそうなアイデアだなとも思うのですが、調べてみたところ、そのような本は出ていないようなので、一応ここにアイデアを書き記しておきます。

ちなみに、「あとがき集」は、ちょっと違うかなと感じています。まとめといいますか、評論みたいになっているものもあるので、意外とすんなり読めそう、読んだ気分になれそう、という気がします。

・あとがき――もしくは長い言い訳

「文化水流探訪記」を連載していた雑誌『POPEYE』は月刊誌でした。ですから、毎月一回、原稿を書くことになります。それが六年続きました。

今回、読み返して気が付いたのですが、以前も書いたのを忘れて、何度も同じようなことを書いています。「自分の目で見て自分で判断しよう」、「できるだけ自立しよう」、「ちょっとでも頑張ろう」、などです。確かに大事なことではあるのですが、これだけ繰り返し書かなくても、と、自分で思います。これは完全に、前にも似たようなことを書いたことを、忘れていたのです。

話は急に変わります。ある特定の同じ場所に、特定の数人が集まる機会があるとします。一番、理解しやすいパターンですと、子供がいる家族が食卓に集まる場面などを想定して下さい。車の座席でも、会社のベンチでも、バンドの集まりでも構いません。すると、自ずと、その特定の数人が居る場所、座る場所が決まり、次回から、誰からともなく、そのフォーマットになる、誰が決めたわけでもないのに、自分が座るべき場所を自分で決めてしまうということはないでしょうか？　これが本当に一般性がある事象なのか分かりませんが、心理学などで何か名前があるのではないかなとも思っています。

話を雑誌連載に戻すと、毎月の発行を重ね、連載陣の中で、良くも悪くも、お互いの担当位置、役割、というのが決まってくる、空気感が形成される、というのがあるように思います。何が言いたいかといいますと、一冊の雑誌の中では、成立し、バランスが取れていても、一部分、一つの連載だけ取り出し、まとめると、成分バランスが歪になるということです。

2番バッターだけが何十人も集まっている野球チーム、悪役レスラーだけのプロレス団体。ベーシストだけのバンド。人参だらけの冷蔵庫。辞書だけで埋まっている本棚。

延々、回りくどく書きましたが、単刀直入に言えば、自分の連載をまとめて読み返してみると、熱くて恥ずかしいな、という話でした。

あとは、兎に角、アウトサイダーが大好きだな、肩入れしているな、という印象もあります。これはまず、自分の志向、好みです。アウトサイダーではない素晴らしい創作家、正攻法で素晴らしいものを作っている創作家、また逆に、全く素晴らしくないアウトサイダーも沢山居るはずです。しかし、この世界からノイズが減り、漂白され、均一化が進むのなら、私が、影を、ノイズを、小さな声を、掬い取らなければならないのでは、との使命感も勝手にありました。

様々な人が読む男性ファッション誌の中に、異物的な情報が紛れ込むことにより、若い方が、初めて、そのような対象に触れる機会になるのではないかと考えたのです。「自ずと座る席が決まってくる理論」に当てはめても、全体の中で、スパイスの部分を担っているのではないかとの認識も、これまた勝手に、ありました。

ただ、逆に、『POPEYE』の読者層に興味を持ってもらえる可能性があるというのが、人選の基準になるので、あまりに距離があるもの、とっかかりが無さ過ぎるもの、などは控えました。例えば、ジョン・ケージ、クロード・ドビュッシーなどになると、文化の歴史としては重要でも、取り上げませんでした。そういった意味では、主に大衆文化を中心にして書いていったと言えるでしょう。

気のせいかもしれませんが、世の中には、「あるある」が増え、また求められているように思います。芸人などの、あるあるネタ、「共感」、「分かる」、という物言い。また創作物に対しても、貶す文脈で使われる「理解できない」、「感情移入できない」という反応。

個人的な見解であり、一般性はないであろうことは想像できますが、はっきりと言って、「あるある」より、「ないない」が面白いんじゃないか、意味があるんじゃないかと感じています。

あるあるというのは、自分の現状の、考え、認識、から一歩も外に出ない、ある種、再確認の感情なわけで、全然「分からなくて」、「理解できなくて」、「共感」も「感情移入」もできない、距離のある物事、事象、感情こそ、興味深いと私は思います。

それは勿論、めちゃくちゃが良いとか、そういった話ではなく、「ないない」と自分との接点をどこまで作れるか、「ないない」だったものを「あるある」にしていくのが（分からないものを分かるのが）楽しいのではという話です。そうしなければ、自分は、自分の世界は、「あるある」の地点から全く広がらないのです。

『POPEYE』連載原稿以外のものについても説明させてください。「巨大な塊」は、雑誌『ユリイカ』、七尾旅人特集号に寄稿させていただいた、七尾旅人について書いてくださいというオーダーに応じた原稿です。七尾旅人は（優れた）ミュージシャンであり、私の友人であり、私は一緒に曲を作ったことがある、という間柄です。既発の前述雑誌掲載時は、読む読者の大多数が、七尾旅人を、私と一緒に作った曲のことを知っているという前提で書いたので、七尾旅人のことを、私のことを、その一緒に作った「Rollin' Rollin'」という曲のことを知らないと、完全に意味不明なオチかもしれません。別の終わらせ方も模索したのですが、しっくりくる終わり方が見つからなかったので、そのままにしてあります。

できれば、私の音楽活動を知らない方にも、この本を手にとっていただけたらとの願望もあるので、知っていただいている方には完全に蛇足ですが、一応の補足でした。

書き下ろし原稿の、新感覚☆知的連想ゲーム「といえば」についても補足させてください。

少し前に、友人と話している中で、「といえば」というゲームを思いつきました。実際は、解説なども入れて、テレビ番組などにすると面白いのではないかと思うのですが、テレビ業界に関わりもなく実現不可能なので、とりあえず、文という形で書き残しておきました。ルール説明だけでは、ゲームの面白さが伝わらないように感じたので、実際にやっている場面を書いていくうちに、スラップスティック風の物語になりました。

実のところ、現状、私も、「といえば」誕生の日、その一回しかやったことがないのですが、非常に面白かったので、機会があれば是非やってみてください。

・アット・ラスト・アイム・フリー

今更ですが、この本は、私が初めて作る本です。私は作りたいと思っているのですが、今後、本を作る機会があるのかも分かりません。ですので、セオリーも分からず、かつ、もう既存の形式に従うこともないのではないだろうか、との考えに基づき、自由に書き、自由にまとめ、自由に作らせてもらいました。

文化の水流が、数の論理に回収されることなく、豊かに澄んで、自由に開かれ、時にたおやかに、時にエキサイティングに、いつまでもいつまでも、流れ続けることを願って、そろそろ筆を置こうかと思います。ありがとうございました。では、また、どこかで。

二〇一八年九月

やけのはら

初出一覧

文化水流探訪記
『POPEYE』（マガジンハウス）2012年6月号（No.782）－2018年5月号（No.853）

ぼくの好きなおばちゃん
『EL CINNAMONS』Vol.3（OFFICE Flaneur）2016年

巨大な塊
『ユリイカ』（青土社）2015年7月号

In The Midnight Hour
『真夜中』No.14（リトルモア）2011年Early Autumn号

思い出野郎Aチーム『まだ何も始まっちゃいねえよ』ライナーノーツ
『SOUL PICNIC MAGAZINE』2014年

新感覚☆知的連想ゲーム「といえば」
書き下ろし

PEOPLE'S TALKSHOW 告知文
2015年

二〇歳のころ
『POPEYE』（マガジンハウス）2017年3月号（No.839）

長いお別れの、遥か先まで
『en-taxi』Vol.36 Summer（扶桑社）2012年

First Cut Is the Deepest
『少年ウォンブ！』（スペースシャワーネットワーク）2014年

面白授業
創形美術学校での授業で事前に配布したプリントより　2012年

なお既発表のものについては、適宜加筆修正を施した。

［著者略歴］
やけのはら
1980年、神奈川県生まれ。DJやトラックメーカー、ラッパー、執筆業など、多様なフィールドを確かな審美眼と独自の嗅覚で渡り歩く。「FUJI ROCK FESTIVAL」などのビッグ・フェスティバルから、アンダーグラウンド・パーティーまで、10年以上にわたり、日本中の多数のパーティーに出演。2013年にリリースした楽曲「RELAXIN'」のMVが、「第17回文化庁メディア芸術祭」で新人賞を受賞。勉強家、見習い。「猫またぎ」を研究中。

文化水流探訪記

2018年11月5日　第1刷印刷
2018年11月15日　第1刷発行

著　者　やけのはら
発行者　清水一人
発行所　青土社
101-0051
東京都千代田区神田神保町1-29　市瀬ビル4階
電話 03-3291-9831（編集）
03-3294-7829（営業）
振替 00190-7-192955

装　丁　國枝達也
装　画　Pauline Boty, Celia Birtwell and Some of her Heroes, 1963.
152.5 x 122.5 x 2 cm, Oil on canvas. Museu Coleção Berardo
編　集　横山芙美
制作協力　平川博康（felicity）
印刷・製本　ディグ

ISBN978-4-7917-7108-0 Printed in Japan